Não enrole

Sheylli Caleffi

Não enrole

Um guia para falar bem em público e na internet

Copyright © 2023, Sheylli Caleffi
© 2023 Casa dos Mundos/LeYa Brasil

Todos os direitos reservados e protegidos pela Lei 9.610, de 19.02.1998.
É proibida a reprodução total ou parcial sem a expressa anuência da editora.

Editora executiva
Izabel Aleixo

Parceria editorial
Carreira Literária

Produção editorial
Ana Bittencourt, Carolina Vaz e Rowena Esteves

Preparação
Carolina Leocádio

Revisão
Clara Diament

Diagramação
Alfredo Loureiro

Capa e projeto gráfico
Kelson Spalato

Fotografia da capa
© Marcel Almeida

A fotografia da página 10 é de © Helton Nobrega

Dados Internacionais de Catalogação na Publicação (CIP)
Angélica Ilacqua CRB-8/7057

Caleffi, Sheylli
   Não enrole : um guia para falar bem em público e na internet / Sheylli Caleffi. – São Paulo : LeYa Brasil, 2023.
   304 p. : color.

ISBN 978-65-5643-207-6

1. Comunicação interpessoal 2. Oratória 3. Sucesso nos negócios 4. Desenvolvimento pessoal I. Título II. Caleffi, Sheylli

23-3798   CDD 158.2

Índices para catálogo sistemático:
1. Comunicação interpessoal

LeYa Brasil é um selo editorial
da empresa Casa dos Mundos.

Todos os direitos reservados à
Casa dos Mundos Produção Editorial e Games Ltda.
Rua Frei Caneca, 91 | Sala 11 – Consolação
01307-001 – São Paulo – SP
www.leyabrasil.com.br

A você, que decidiu colocar suas ideias no mundo, nem que seja para aprender que elas precisam mudar

SUMÁRIO

APRESENTAÇÃO 09
O que é este livro e como
vamos trabalhar juntos

1 O MÉTODO 19
Conteúdo + Formato + Performance

2 CONTEÚDO 29
Os ingredientes da sua apresentação

3 FORMATO 77
O preparo da sua apresentação

4 PERFORMANCE 187
Como servir na hora de se apresentar

5 A COMUNICAÇÃO ON-LINE 241

ISTO NÃO É UMA CONCLUSÃO 289

RECOMENDAÇÕES 293

AGRADECIMENTOS 301

APRESENTAÇÃO

O QUE É ESTE LIVRO E COMO VAMOS TRABALHAR JUNTOS

Há alguns meses, uma jovem de 26 anos me procurou bastante ansiosa.

Ela trabalhava num grande banco como analista havia quatro anos, e agora tinha a oportunidade de disputar um cargo como trainee, o que, se conquistado, a colocaria numa posição de liderança em pouco tempo.

Embora soubesse que havia sido, ao longo da sua trajetória na empresa, uma funcionária de destaque, com resultados acima do esperado, sentia que precisava de ajuda para aquele momento. Ela sabia que sua capacidade de se sair bem numa entrevista não estava à altura das suas habilidades como funcionária. Assim, por recomendação de uma antiga cliente, sua conhecida, ela decidiu me procurar. Agendamos uma sessão para o dia seguinte.

Iniciei nosso encontro perguntando como ela pretendia se apresentar na entrevista. Como esperado, minha cliente começou como começam 95% das pessoas que se apresentam em situações como aquela: "Sou fulana, nasci no ano tal, me formei em... Comecei minha carreira como estagiária, entrei aqui e consegui melhorar X, Y e Z...".

Qual era o problema da narrativa da minha cliente?

Ela não havia entendido ainda uma regra básica sobre a boa comunicação: a de que o outro não quer, de fato, saber da sua história, das suas crenças, dos seus sonhos e das suas angústias.

Deixei-a falar por mais alguns minutos sobre sua trajetória e objetivos e disse: "Ok, agora me conte o que *eles* querem".

Você já trabalha lá há quatro anos. O que essa empresa quer? Quais as metas dela para este ano? Quais as maiores dificuldades que eles enfrentam hoje? Quem os ameaça e por quê? Quais as falas, as palavras e os valores que a cultura da empresa reproduz?

É sobre *isso* que você precisa falar.

Minha cliente ficou pensativa. "Mas não tenho que falar da minha competência profissional? Não devo mostrar os resultados que alcancei para a empresa?"

"Sim. Você deve falar disso", expliquei. "Mas não dessa forma. Você precisa incorporar no *seu* discurso os objetivos deles". A empresa sonha com um futuro para si mesma e precisa conseguir imaginar você nesse sonho.

Comunicar-se de forma eficiente é entender que o outro tem sempre os seus próprios interesses. E ele só vai se importar com o que você pode e sabe fazer na medida em que isso convergir com os seus valores.

Vamos imaginar uma situação mais simples:

Airton vende picolés na praia. Há anos ele é líder de vendas no seu ponto, sendo conhecido pelos frequentadores do local pelo carisma e por fazer os picolés e sorvetes mais saborosos. Até que, um dia, um vendedor de açaí aparece. E a venda dos picolés começa a cair consideravelmente. Os banhistas passam a preferir o produto do concorrente. O açaí também é gelado e refrescante. E os hábitos mudaram, as pessoas estão mais preocupadas com a saúde. Consideram o açaí mais saudável e nutritivo.

Pois bem. Airton resolve contratar um novo funcionário para ajudá-lo a recuperar a liderança nas vendas.

O primeiro candidato se apresenta da seguinte forma: "Faço sorvetes desde os meus doze anos, aprendi com a minha avó, já trabalhei em diversas sorveterias, inclusive na sorveteria X, considerada a melhor do bairro. Quando eu trabalhei lá, o faturamento da sorveteria aumentou 15%. Meu objetivo é ajudar você a fazer os melhores sorvetes dessa praia".

O segundo se apresenta assim: "Sei fazer sorvetes de todos os sabores. E, pelo que vejo aqui, precisamos focar em fazer sorvetes de frutas e de iogurte para conquistar o público que está preocupado com saúde e boa forma. Senão, o vendedor de açaí vai ficar com os nossos clientes. Sei onde encontrar receitas diferentes de picolés de fruta. Meu objetivo é ajudar você a recuperar a clientela que você perdeu".

Qual dos dois Airton vai escolher? É muito difícil que não seja o segundo candidato.

O primeiro pode até mostrar mais experiência e conquistas. Mas fala apenas da própria história, enquanto o segundo pode não parecer tão experiente, mas fala o que interessa ao interlocutor. E expõe com eficiência como pode ajudá-lo.

O discurso do primeiro é voltado para si mesmo, para a própria história e para as próprias conquistas. O do segundo é voltado para *o outro*. E, principalmente, para como resolver as suas dores e os seus problemas.

É isto que diferencia os grandes comunicadores dos demais: eles entendem que a boa comunicação é sempre sobre o outro, e não sobre si mesmos.

Em cinquenta minutos de sessão, minha nova cliente havia entendido esse pilar da comunicação e ensaiado umas quatro vezes. Agora, ela estava pronta para a sua entrevista.

Ao longo dos últimos vinte anos, treinei milhares de pessoas, entre empresários, artistas, porta-vozes de empresas, líderes, empreendedores, palestrantes, participantes de realities shows, apresentadores de TV, podcasters e professores.

Minha primeira cliente foi uma escritora que precisava falar de seu livro num programa de entrevistas, o *Programa do Jô*. Escrever um livro e dominar um assunto tecnicamente é muito diferente de despertar o interesse das pessoas para ler e comprar o livro, que era o objetivo dela. Da mesma forma que a analista que conseguiu a vaga de trainee também entendia de finanças, mas muito pouco de como falar de si mesma.

No entanto, quanto mais a tecnologia avança e o mundo se torna interconectado, uma comunicação eficiente se torna fundamental. Estamos sempre precisando chamar a atenção do outro de alguma forma.

Num evento como uma convenção de vendas há muito investimento: cenografia, hotel, banda... E quando os executivos sobem ao palco ninguém aguenta cinco minutos de tanto tédio. Foi aí que comecei a ser convidada para treinar quem precisa falar de forma a despertar a atenção do ouvinte e gerar engajamento, e é o que faço até hoje.

Sempre que alguém precisa encantar uma audiência... eis-me aqui!

Este livro é essencialmente o resultado de grande parte do trabalho que desenvolvi nos últimos vinte anos e que se tornou uma metodologia. Nesse tempo, consegui fundamentar esse tipo de comunicação em três pilares: **conteúdo**, **formato** e **performance**. E é isso que iremos treinar ao longo das próximas páginas.

Se você precisa representar sua empresa amanhã numa reunião com parceiros; se foi convidado para dar uma palestra e não se sente totalmente seguro; se, numa reunião, você gostaria que prestassem mais atenção às suas ideias; se precisa roteirizar e gravar vídeos mais dinâmicos para atrair clientes no Instagram ou no YouTube; se quer ser bem-sucedido numa entrevista de emprego, mas não sabe o que destacar da sua experiência; ou se precisa convencer determinada plateia de que o trabalho desenvolvido por você e pela sua equipe é confiável...

Se está ou já esteve em alguma dessas situações, este livro é para você! Se não esteve ainda, este livro também é para você. Comunicar-se bem e de forma eficiente pode ser a guinada de que você precisa na sua vida pessoal e profissional.

CAPÍTULO 1

O MÉTODO
CONTEÚDO + FORMATO + PERFORMANCE

Podemos pensar na nossa comunicação como uma receita.

Os ingredientes são o conteúdo, o preparo é o formato que você escolhe para comunicar ou transmitir o seu conteúdo, e, por fim, a performance é a maneira como você decide servir o seu prato.

É só você se lembrar dos realities shows de culinária a que já assistiu e com certeza entenderá estes três pilares:

Ingredientes = conteúdo
Preparo = formato
Servir = performance

Se queremos preparar batatas, por exemplo, podemos fazê-las assadas, fritas, cozidas ou podemos fazer um purê. Não deixa de ser batata, mas o formato será diferente. Já o jeito de servir também interfere na experiência de quem vai provar o prato: podemos servir direto na panela, numa vasilha, no prato ou numa mesa superdecorada.

Todas as etapas são importantes. Se a mesa for linda e tivermos assado a batata demais, o sabor vai estragar a experiência. Do mesmo modo, se o sabor for excelente, mas a aparência nem tanto, o todo fica prejudicado. Se o tempero for perfeito e servirmos de um jeito encantador, mas a batata estiver dura, tampouco teremos sucesso.

Transpondo, agora, para o nosso universo da comunicação, o **conteúdo** seria o coração da sua mensagem. A ideia central. Ele é composto de argumentos, hipóteses, exemplos, experiências; em suma, do conhecimento acumulado por você (o emissor).

O **formato** é a maneira como você estrutura a sua fala, a forma de organizar o conhecimento que deseja transmitir. Tem a ver com a ordem dos fatores, que, nesse caso, altera (e muito) o produto. Uma boa apresentação não pode ser uma promessa, ela tem que entregar algo de valor para aquela audiência específica. Você vai começar com um exemplo ou com um conceito? Quanto tempo gastará em cada parte? Usará técnicas de *storytelling*? Apresentará seu roteiro de maneira linear? Que estratégias discursivas usará para tornar o seu conteúdo acessível e interessante para a sua audiência? Vai usar metáforas e analogias? Trará dados que demonstrem seus argumentos? Todas essas escolhas são o formato.

Já a **performance** diz respeito a fazer brilhar suas características pessoais e personalidade por meio de voz, postura, movimentação e forma de gesticular, enquanto compartilha o conhecimento. A performance se relaciona, principalmente, com a dimensão do corpo e da voz. E com a *persona* do comunicador, ou seja, o seu jeitão de ser.

Uma comunicação eficiente precisa cuidar dessas três dimensões. É claro que, em alguns casos, o sujeito pode ser tão brilhante numa dessas etapas da "receita" – para me valer da nossa analogia –, que a audiência acaba por relevar – ou até mesmo não perceber – as deficiências nas outras.

Um dia, durante um treinamento para apresentações on-line que ministrei numa empresa, após algumas apresentações individuais em que os colegas avaliam uns aos outros, uma pessoa foi especialmente elogiada por todos: "Que voz linda", "Você fala muito bem", "Teve tanta dinâmica na sua fala", "Quero ser igual a você", "Ahhh, se eu tivesse metade da sua habilidade...".

Depois de ouvir esses comentários, perguntei a um por um qual era o assunto da tal apresentação e – adivinhe! – ninguém sabia dizer.

"Não lembro muito bem o que ela disse, mas amei", disse um colega.

Pois é. Esse é um caso em que a dimensão da performance – da personalidade, do carisma pessoal – acabou por fazer a audiência relevar a deficiência no conteúdo. Afinal, se o conteúdo é eficientemente transmitido, espera-se que a sua ideia central tenha marcado a audiência, o que não havia acontecido ali.

Contudo, é preciso ficar claro que esses casos são a exceção, e não a regra. Geralmente uma apresentação considerada transformadora pela audiência contempla os três pilares.

As pessoas que costumam me procurar – e pode ser esse o seu caso – já se comunicam relativamente bem. Profissionais como eu apenas as ajudam a desenvolver recursos para que se tornem ainda melhores.

Dentro do método que desenvolvi, procuro fazer com os meus clientes um exercício para ajudá-los a identificar em qual das três etapas da "receita" está a sua maior dificuldade. Esse exercício permite um diagnóstico inicial que facilita o percurso.

E você também pode fazer este exercício a partir de agora:

Se a sua maior queixa é: "Acabei de ser promovido e sinto que o que me trouxe até aqui não vai me levar adiante. Cheguei ao patamar de pessoas que admiro e não me sinto apto", muito provavelmente você precisa investir no seu **conteúdo**.

Se o que você sente é: "As pessoas não prestam atenção no que eu falo. Elas começam concentradas e depois se dispersam. Não consigo manter o interesse da minha audiência, mesmo estudando esse assunto há anos..." ou "Tenho bastante conhecimento sobre a minha área, mas não sou uma pessoa muito criativa. Como faço para tornar a minha apresentação menos chata e mais inovadora?", você precisa aperfeiçoar o seu **formato**.

Se sua maior dificuldade se expressa em algo como: "Eu queria ser uma pessoa supercomunicativa. Sabe aquelas pessoas que são o centro das atenções numa mesa de bar, por exemplo? É o meu sonho. Mas sou mais introvertida e não consigo ser assim" ou "Tenho certeza de que estou dizendo coisas importantes, mas não gosto da minha voz, acho que falo muito rápido", você precisa investir na sua **performance**.

Este é o meu trabalho: pegar os recursos e as habilidades que as pessoas já têm e aprimorá-los ou desenvolver os que elas ainda não possuem para vencer um desafio de comunicação, no prazo de que precisam. Só dá para mensurar se melhoramos ou não quando temos um **objetivo** específico. Então, quando recebo um cliente, traço uma meta, mesmo que fictícia – por exemplo, uma palestra estilo TED com data e horário para acontecer no mundo da imaginação. Ou marco apresentações de verdade, para audiências qualificadas das quais faço parte, como grupos de pesquisa em inovação.

A partir de agora, você vai começar um treinamento comigo. Então, pegue aquela apresentação que precisa fazer – on-line ou presencialmente – ou crie uma hipotética com a maior riqueza de detalhes. Use a ficha abaixo para auxiliá-lo e anote as suas respostas num caderno.

Data:
Local:
Público:
Objetivo:

CAPÍTULO 2

CONTEÚDO
OS INGREDIENTES DA SUA APRESENTAÇÃO

Como antecipei no capítulo anterior, o conteúdo é o coração da sua mensagem.

É *o que* você quer apresentar, a ideia ou o conhecimento que deseja transmitir para a sua audiência. E é a partir dele que você terá o roteiro-base para montar a sua apresentação.

O conteúdo é composto basicamente de ideias, dados, argumentos, isto é, daquilo que o emissor foi capaz de acumular em termos de conhecimento e reflexão acerca de determinado assunto. Mas o pulo do gato do bom conteúdo – aquele que engaja quem está assistindo – mora em outro detalhe: o **objetivo**.

Só a partir do objetivo podemos, de fato, montar uma apresentação capaz de comunicar, encantar e até transformar uma audiência.

Imagine que você é nutricionista. Você estuda e conhece, portanto, as relações entre os alimentos e nutrientes ingeridos pelo ser humano, e possíveis estados de saúde e doença relacionados a eles. Percebe como esse universo é imenso? Você pode falar desde saúde coletiva associada a políticas públicas e programas institucionais até alimentação específica para atletas ou crianças, passando pelos problemas decorrentes da forma como a indústria dos alimentos se estrutura na sociedade. Você pode falar sobre como se alimentar para aumentar as chances de ganhar um Prêmio Nobel de Literatura ou sobre como os hábitos alimentares das sociedades ditas modernas podem ser prejudiciais à saúde.

Dizer tão somente que vai dar uma palestra sobre nutrição não é suficiente. Porque esse conhecimento precisa de um objetivo. Um conteúdo que não tem objetivo não tem por que ser transmitido para alguém. O objetivo é o gol, a linha de chegada, aquilo que você quer provocar na sua audiência. O mero ato de falar sobre algo não pode ser o objetivo.

E é aqui que entra a primeira pergunta crucial para você definir o conteúdo da sua apresentação: *quem é a sua audiência?* São mulheres de classe média de vinte a quarenta anos? Quais são as preocupações desse público? Quais os valores dele?

Se não tiver essas informações, eventualmente você pode fazer uma pesquisa. Vou contar um caso que pode inspirá-lo: em 2020, fui convidada para palestrar sobre comunicação em vídeo para um núcleo de educação pública com quase sete mil professores. Me disseram que uma porcentagem expressiva deles, 20%, não fazia vídeos e aulas on-line e isso era um problema para o núcleo, já que o ensino agora era remoto. Para mim, era uma grande oportunidade poder contribuir para a carreira de tantos profissionais que eu admiro, e queria aproveitar o tempo de duas horas para ser o mais eficiente possível em ajudá-los. Então, criei um formulário e o enviei uma semana antes da palestra para tentar compreender quais seriam os principais motivos que impediam aquela parcela do público de avançar em suas apresentações on-line.

Primeiro investiguei com a coordenação se aquela audiência responderia a um formulário, porque essa disponibilidade depende da cultura da organização. Como ela disse que sim, criei um on-line com várias frases e perguntava, numa escala de um a cinco, se os profissionais de educação se identificavam ou não com elas. A linguagem era muito simples e direta: "Essa frase combina com você?" E as respostas eram (1) "Combina menos" até (5) "Combina mais". Assim, eu poderia escolher o conteúdo, o formato e a performance mais adequados. Vou colocar algumas das perguntas aqui e a porcentagem de identificação dos mais de mil respondentes.

Não tenho um espaço adequado em casa para gravar um bom vídeo
(34,5% se identificaram)

Meu celular não tem câmera ou armazenamento para gravar vídeos
(20,4% se identificaram)

Tenho medo de virar piada, de fazerem memes com meu vídeo
(29% se identificaram)

Não estou feliz com minha aparência, gravar vídeos é constrangedor
(20% se identificaram)

Eu me embaralho na hora de fazer o roteiro do vídeo
(27,5% se identificaram)

Nos vídeos parece que eu fico meio robótico
(20,7% se identificaram)

Nem sei por que tenho tanto nervosismo na hora de gravar um vídeo, chego a suar
(26% se identificaram)

Acho um absurdo nos cobrarem que tenhamos que gravar vídeos como se fôssemos youtubers, basta sermos professores
(18,6% se identificaram)

Odeio gravar vídeos, me acho péssimo
(25,3% se identificaram)

Amo dar aula presencial, mas no vídeo fico superdesconfortável
(36,5% se identificaram)

Também havia um espaço para comentarem de forma livre sobre o assunto e perguntas positivas como:

Consigo me ver nos vídeos que gravo e aprimorar minha performance de voz e movimento
(apenas 27% se identificaram)

Acredite se quiser, mas muita gente grava vídeos e não tem coragem de assistir, é bem comum!

Eu me encontrei nessa de fazer vídeos, acho superprático e o retorno dos alunos é ótimo
(apenas 12,8% se identificaram)

Adoro gravar vídeos, é só ligar a câmera que eu já me animo!
(15,3% se identificaram)

Com a pesquisa em mãos eu podia traçar os objetivos e ter eficiência na apresentação, endereçando os principais temas. Agora que eu sabia por que eles não gravavam os vídeos, podia conduzir a palestra de maneira que, ao final, eles pensassem: "Eu posso fazer isso, é mais simples do que eu imaginava, vou mandar essa palestra para Clélia!".

O próprio formulário já me dava material para organizar o meu **conteúdo**. O que fiz foi elencar em sequência os principais resultados da pesquisa.

Para o **formato**, organizei um exemplo prático para cada objeção apontada na pesquisa – alguma situação que havia acontecido comigo ou com algum cliente –, além de responder às dúvidas que surgiam na hora: como deixar um vídeo mais leve usando aplicativos gratuitos, por exemplo. Já previ que haveria improviso no meu formato.

Para a **performance**, como a apresentação era on-line, escolhi transmitir revezando entre o celular e o computador para mostrar a diferença de qualidade entre um e outro e também os truques que faço para criar ambientes mais adequados para os vídeos. Eu literalmente andava pela minha casa mostrando como escondo a pia da cozinha ou coisas de que não gosto na hora de gravar. Busquei ser o mais descontraída possível, sem usar maquiagem, com "roupa de ficar em casa", para que se identificassem comigo como educadora.

Por fim, uma vez tendo definido o objetivo da sua apresentação, o segundo ponto que você precisa definir é: que **resultado** você deseja obter com a sua apresentação? No que você quer que a sua audiência se engaje? Você quer fazê-la enxergar algo sob um ponto de vista diferente? Levá-la a comprar um produto? A tomar uma atitude sobre alguma coisa? Entender a importância de determinado assunto?

Definir esses dois pontos é fundamental para ter de onde partir e saber o recorte e a direção da sua apresentação.

COMO TRAÇAR O SEU OBJETIVO

Já falamos sobre a importância de entender quem é a sua audiência e o efeito que você deseja produzir nela com a sua apresentação. Um ótimo exercício para ajudá-lo a definir com clareza o seu objetivo é perguntar a alguém que assistiu a alguma apresentação sua, depois de certo tempo, do que ela se lembra. Impressões, informações, sentimentos, aspectos do lugar, a cor da roupa... o que marcou?

Por exemplo: Mariana assistiu à sua apresentação sobre o impacto ambiental do consumo de carne, e Jeferson chegou atrasado. Quando Jeferson pergunta a Mariana o que foi que ela viu, você gostaria que ela respondesse o quê?

Que ficou surpresa com os números sobre as monoculturas produzidas pelo agronegócio e seu terrível impacto para o meio ambiente?

Que vai repensar a sua alimentação a partir de agora, porque percebeu os danos que uma alimentação centrada em ultraprocessados pode causar à sua saúde?

Que ficou com vontade de experimentar os alimentos produzidos pelos pequenos produtores divulgados ao fim da palestra?

Todas essas respostas são possíveis, a depender dos seus objetivos. Faça esse exercício agora! Se após a sua apresentação você perguntar para alguém da audiência do que essa pessoa se lembra, no mundo ideal, o que você quer que ela responda?

É a partir dessa resposta que você vai traçar o grau de engajamento que deseja provocar. Escreva três coisas que gostaria que a audiência respondesse sobre a sua apresentação após ela acontecer.

Pode ser qualquer coisa. Alguns exemplos:

"Nossa, não tinha pensado nisso!"

"É urgente mudar tal hábito na minha empresa ou na minha vida."

"Esse palestrante é incrível, vou procurar mais sobre ele."

Em seguida, trace o objetivo de trás para a frente – isso mesmo! Para que cada uma dessas frases seja um comentário real após a sua apresentação, o que você precisa fazer? Por exemplo:

"Nossa, não tinha pensado nisso!"

Para que essa frase seja um resultado real, provavelmente a sua ideia e os seus argumentos precisam ser inusitados ou inovadores no mercado/área em questão.

"É urgente mudar tal hábito na minha empresa ou na minha vida."

Para esse resultado, talvez seja interessante mostrar um "antes e depois". Um caso de sucesso provavelmente trará um comentário assim se for ilustrado por personagens parecidas com as pessoas da audiência.

"Esse palestrante é incrível, vou procurar mais sobre ele."

Para gerar um interesse sobre você, um caminho pode ser a citação de outros projetos diferentes daqueles que acabaram de ser apresentados, assim como se mostrar disponível para interações, mas, principalmente, é preciso surpreender a audiência.

Esses três objetivos desejados ajudarão a nortear o recorte do seu conteúdo.

O grau de engajamento da audiência e o quão disponível ela estará para produzir uma ação depois da sua apresentação vão depender do que você oferecer a ela. Se quiser que as pessoas conheçam o seu produto, por exemplo, pode disponibilizar o site da sua empresa por meio de um QR Code que já deve estar preparado na sua apresentação. A chamada para ação - o famoso **call to action** (CTA) - precisa ser sempre clara e facilitada ao máximo!

A IDEIA: O CORAÇÃO DO SEU CONTEÚDO

"Uma ideia comunicada adequadamente pode mudar para sempre a forma como as pessoas veem o mundo." Esta citação é de Chris Anderson, fundador do TED Talks, empresa dedicada a organizar e promover palestras pelas Américas, Europa e Ásia com o intuito de compartilhar "ideias que merecem ser disseminadas", nas palavras da própria organização. Pegue a dica dele: sua maior função como orador é transferir para a mente das pessoas uma ideia nova, uma forma de ver e experimentar o mundo ou determinado aspecto da realidade para o qual a audiência não havia atinado até então.

Nas palavras do próprio Anderson, uma ideia é um padrão de informações específico que pauta nossa forma de experimentar a realidade. Todos nós temos na nossa mente milhares dessas ideias, que vão se formando a partir da experiência. Temos uma ideia sobre o que é uma família, sobre religiões, dinheiro, grupos sociais. E essas ideias variam de cultura para cultura, de sociedade para sociedade, e também de indivíduo para indivíduo.

Uma pessoa pode enxergar o dinheiro como um mal inevitável, um instrumento de dominação e corrupção dos seres humanos, enquanto, para outra, o dinheiro pode ser uma meta, um símbolo associado a bem-estar e mérito individual. Para determinado indivíduo, um gato pode significar amor, companhia e cuidado, enquanto, para outro, pode representar ameaça e desconfiança.

Um bom comunicador pode atuar diretamente nesse sistema de crenças, modificando de forma parcial ou total uma ou muitas dessas ideias que todos nós temos. Se você transmite bem uma ideia para determinada audiência, é capaz de fazer vibrar numa mesma frequência as atividades neurais das pessoas que estão ali. E isso é mágico! Por um instante, elas passam a enxergar o mundo a partir da lente que você está propondo. Eu utilizo o TED como exemplo porque o formato ficou famoso por bons motivos, mas ele tem suas limitações de profundidade, o que pode acabar evidenciando frases de efeito e impacto em detrimento da complexidade, por exemplo.

Em 2013, a médica brasileira Ana Claudia Quintana Arantes realizou uma palestra no TEDx Talk que emocionou a audiência e projetou seu nome na esfera internacional. Ana Claudia é médica especialista em cuidados paliativos. E, em apenas dezoito minutos, ela conseguiu ressignificar a ideia que as pessoas da audiência tinham sobre a morte.

A sua principal meta como comunicador pode ser esta: fazer uma ideia nova brotar na mente da sua audiência, colocar alguma questão ou algum assunto sob uma nova perspectiva. Entrarei em mais detalhes sobre como fazer isso mais adiante neste capítulo, quando falar em como encontrar a Grande Ideia – *Big Idea* – para o seu roteiro.

Outra obra que nos auxilia a compreender o poder de uma boa ideia é *Sapiens: uma breve história da humanidade*, de Yuval Noah Harari. Nesse livro primoroso, o autor nos conta sobre uma super-heroína da humanidade chamada Ficção, que essencialmente constrói a nossa realidade. Empresas, dinheiro, religião, países e fronteiras – nos diz Harari – são apenas narrativas muito bem contadas. Acreditamos que todos que habitam esse território são brasileiros, porque temos uma bandeira que disseram que é nossa, porque torcemos para um mesmo time que veste uma mesma camisa, e assim por diante. O Estado, a família, o casamento, a vida política – todas as instituições que organizam a nossa vida – são apenas histórias muito bem contadas! E, de fato, não há nenhuma grande realidade material que as sustente. Há apenas a nossa crença inabalável de que elas existem.

Essa é uma ideia impressionante! Pois, quando nos damos conta disso, percebemos como é possível uma mudança em escala global por meio justamente de... ideias. Afinal, são elas que moldam a nossa atuação no mundo.

ARGUMENTOS

Uma vez acertados o objetivo e a ideia, é preciso começar a pensar nos argumentos que você pode utilizar para que a mensagem alcance a sua audiência de forma convincente. Trabalhe e retrabalhe os seus argumentos. Questione sempre:

> **Meus argumentos são sólidos?**
> **São interessantes?**
> **São inovadores?**
> **Funcionam para essa audiência?**

Aristóteles, na sua obra *Retórica*, nos mostra que existem basicamente três tipos de argumentos que podemos usar para convencer alguém de algo: aqueles calcados no *éthos*, no *lógos* e no *páthos*. Vamos ver em detalhe cada um deles.

Éthos: Segundo o filósofo grego, o primeiro recurso para convencer alguém de algo é mostrar a autoridade e credibilidade de quem está falando. A formação e carreira do emissor são fundamentais aqui, e até sua aparência e roupas podem interferir, assim como a maneira de se portar e falar. Trocando em miúdos, estamos falando de credenciais e experiência. Nossa tendência é confiar mais em quem enxergamos como uma autoridade no assunto em questão. Em quem você confiaria mais para operar o seu joelho? Num cirurgião formado na melhor faculdade de medicina, com vinte anos de experiência, ou num jovem recém- -formado num curso do qual você nunca ouviu falar? É claro que credenciais nem sempre são garantia de alguma coisa, mas Aristóteles sabia muito bem do poder que elas têm na hora de impactar a percepção da audiência.

Lógos: São os argumentos lógicos, os exemplos práticos, os dados, o embasamento racional do seu discurso, levando sempre em consideração o seu público. Você pode escolher fatos diferentes caso sua audiência seja composta de profissionais de saúde ou de bancários.

Páthos: É a habilidade do emissor de emocionar o receptor. Digamos que alguém entre na sua loja de bicicletas com dúvida se quer mesmo dar uma bicicleta de aniversário para a filha ou se um video game seria melhor e veio pesquisar a fim de tomar uma decisão. Quanto mais você conseguir, com a sua argumentação, gerar nessa pessoa sentimentos de felicidade pela alegria da filha, tranquilidade pela qualidade e segurança do produto, satisfação pelo preço adequado, confiança pelo tempo que a marca está no mercado ou que sua loja atende na região, maior é a probabilidade de seu cliente fechar negócio. Sabemos que toda decisão é baseada em emoção.

Segundo Aristóteles, todo discurso pode persuadir por meio de um desses três aspectos. O importante aqui é você buscar entender a quais deles sua audiência será mais sensível. Se sua plateia é composta de empresários que você planeja convencer a investir em determinado projeto, talvez seja mais importante dar ênfase aos argumentos lógicos, dados e casos de sucesso que comprovem a eficácia da sua ideia/produto/serviço. Se a sua audiência é leiga no assunto, talvez seja mais sensível à sua autoridade e a argumentos de forte apelo emocional.

De todo modo, o ideal é que, em alguma medida, você se utilize do tripé completo, isto é, de argumentos de autoridade, lógicos e emocionais.

[MÃOS À OBRA]

Agora que entendemos as principais partes e elementos que estruturam uma apresentação, chegou a hora de passar algumas orientações para melhorar a sua comunicação nesses momentos. São técnicas, pontos de atenção e verdades – algumas até dolorosas – que fazem toda a diferença na hora de apresentar um conteúdo para uma plateia.

TENHA UM BRIEFING DA APRESENTAÇÃO

Isso é muito comum na linguagem do mercado. Para você que não conhece, trata-se do primeiro passo para a execução de um projeto ou de uma atividade. O *briefing* é o que vai nortear o recorte do seu conteúdo. Você pode receber esse *briefing* de alguém, caso esteja sendo contratado para dar uma palestra, ou pode criar você mesmo, caso esteja planejando apresentar um produto ou serviço da sua empresa nas redes sociais, por exemplo. Em qualquer um dos casos, seu *briefing* deve conter respostas para as seguintes perguntas:

Para quem é a minha apresentação?
Quem é a minha plateia e qual a intimidade dela com o tema?

Qual é o objetivo da minha apresentação?

Quando ela irá acontecer?

Quanto tempo terei disponível?

Que recursos estão disponíveis?
Quanto posso investir?
Qual é a minha motivação?
Quem são os meus parceiros?

Parece extremamente básico dizer que você tem que pensar sobre esses pontos, mas vejo que muitos clientes não levam os primeiros passos em consideração. Todos esses elementos vão balizar o grau de profundidade do seu conteúdo. Estou tratando você como cliente e preciso garantir que você levante essas informações!

Por exemplo, se terei que me apresentar para uma plateia com mais de quinhentas pessoas, minha linguagem precisa ser acessível – mesmo que eu esteja falando com um público especializado. Como quando falo abertamente na internet para um número impreciso de pessoas, é muito difícil manter uma base comum de referências, por isso preciso "traduzir" termos e siglas e utilizar a linguagem mais compreensível possível.

Outro exemplo: um TED é muito diferente de uma apresentação dentro da sua empresa. Num TED, você fala sobre o modo como cria as coisas. O foco ali é saber como as suas ideias surgiram, mas aquela plateia não é o seu público final. É diferente de uma apresentação de projeto para quem vai investir ou para quem vai comprar o resultado dele.

Muitas vezes, seu cliente – ou seu chefe – também tem dificuldade de transmitir o que precisa. Isso é normal. As pessoas nem sempre sabem o que querem, mas, em geral, sabem bem o que não querem. Mesmo que você não tenha recebido um *briefing*, ou seja, que não tenha sido solicitado a apresentar algo específico – por algum cliente, empresa ou convite –, é interessante ter esse primeiro momento. Funciona como um começo de compreensão e criação. Monte um *briefing* e discuta com os envolvidos, para saber o que eles querem ou não.

Um bom *briefing* precisa passar pelo óbvio e ir além dele. Vou compartilhar com você como é o meu processo:

Para quem é a minha apresentação?

Qual é o seu público? Aqui, para além de idade ou renda, é importante pensar no que esse público deseja. Quais são as suas necessidades? O que eles estão buscando? O que consideram relevante? O que consomem em termos de conteúdo? Quais são as suas referências?

A quantidade de pessoas também interfere. É importante atentar para os recursos necessários, como um microfone ou tela de apoio, se todos conseguem ver você etc.

Quem é a minha plateia e qual a intimidade dela com o tema?

Esse é o momento de identificar a sua audiência.

Uma vez, fui convidada para dar um workshop de como lidar com conflitos no ambiente profissional num projeto que envolvia cinco empresas, entre privadas e governamentais. É um curso que ministro chamado "Lidando com a treta". Além de perguntar o motivo de terem me procurado e as "dores" que acreditavam que esse processo auxiliaria a amenizar, eu quis saber o quanto os colaboradores entendiam sobre conflitos, se já tinham alguma experiência com treinamentos, se sabiam que um curso assim aconteceria, se solicitaram o curso ou se foi a coordenação que identificou o problema e agora oferecia a solução. Tudo isso faz diferença na recepção do tema. As pessoas podem se sentir julgadas, enganadas ou manipuladas, e todos esses sentimentos tendem a agravar conflitos, o que é o oposto do desejado pela organização.

O mesmo ocorre quando falo de liderança. Ainda que o conteúdo seja parecido, o formato da palestra e a minha performance mudam muito quando estou com trainees, que aspiram a cargos de liderança, mas ainda não têm experiência, ou com veteranos que já lideram equipes há muitos anos. O tamanho das equipes e a senioridade das pessoas são muito relevantes. Quem dirige equipes com mais de duzentas pessoas tem necessidades diferentes de alguém com dez subordinados. Quem tem um cargo alto lida com desafios correspondentes a ele. Às vezes é interessante misturar essas pessoas; em outros momentos, o ideal é trabalhar com grupos de afinidade. Isso depende do objetivo almejado, que, como já comentei, é a primeira coisa a ser traçada.

Só dá para descobrir essas coisas perguntando para quem encomendou a apresentação ou para a audiência em si. Você pode adicionar mais perguntas ao questionário que comentei ao falar de conteúdo.

Pode ser um formulário com escala. Este é um exemplo que minha amiga Carolina Nalon, que trabalha com mediação de conflitos, me ensinou num curso para facilitadores: Em relação aos conflitos no ambiente profissional, como você se considera?

1. Sem preparo para lidar com eles
2. Pouco preparado
3. Conheço técnicas, mas não tenho muita prática
4. Apto a lidar com eles
5. Tenho experiência no tema

Esse é apenas um exemplo, mas já fica a dica: caso você trabalhe com palestras e treinamentos para instituições, você pode fazer o mesmo formulário antes e depois da experiência para mensurar os impactos do seu trabalho e mostrar essa evolução para o contratante.

Qual é o objetivo da minha apresentação?

A demanda chegou. Qual é o problema que precisa ser resolvido? Qual é o objetivo? Qual é o seu papel nesse projeto e como pode contribuir para ele?

Talvez seja uma apresentação de resultados para a diretoria que a sua liderança pediu. Nesse caso, o que precisa ser provado ou justificado e para quem? Considere as necessidades de cada um dos envolvidos: a sua liderança, a diretoria e você.

Ou talvez você seja especializado em algum tema. Nesse outro contexto, a lógica é a mesma. Quem está contratando você para dar essa palestra e com que objetivo? Se vai fazer a apresentação em nome de uma marca, você não está sozinho. Quais são os valores dessa marca? Combinam com os seus? O que pode ou não ser dito e como?

Às vezes, além da marca, você é contratado por uma agência – no caso de eventos corporativos, por exemplo – e passa a representar também essa agência, porque o cliente final é dela, e não seu. Então, ao aceitar o convite, você terá sua imagem e fala associadas à agência produtora do evento e à empresa dona do evento em si. Para o público final, você estará associado à empresa e, para a empresa, à agência.

Quem são os patrocinadores? Muitas vezes palestras acontecem em festivais ou eventos patrocinados. Que marcas são essas e que valores elas dizem representar? Cabe uma pesquisa nessa etapa. Há uma grande possibilidade de ter um *backdrop* – painel para fotos – atrás de você com esses logos, e é sua responsabilidade administrar as imagens e os comentários que isso pode gerar.

Quando ela irá acontecer?

Uma coisa é organizar uma apresentação em duas semanas. Outro cenário bem diferente é ter dois dias para preparar tudo. Se você tiver pouco tempo, lembre-se de que o simples é sempre desejável. As pessoas estão ali para estabelecer uma conexão e ouvir ideias que possam inspirá-las.

Quanto tempo terei disponível?

A boa notícia é que a criatividade gosta de limites, e geralmente é mais fácil criar conhecendo algumas condições do que tendo todas as possibilidades do mundo à disposição. Adoro elencar os limites, e o tempo é sempre um deles. Para ser profunda, uma palestra de meia hora não pode abranger muitos temas. Não seria melhor focar em dicas, então? Organize seus objetivos e recursos no tempo disponível.

Treinei recentemente uma pesquisadora que foi convidada para um TEDx. Ela tinha o prazo de cinco dias para gravar a apresentação – durante o período da pandemia em 2020, as apresentações foram filmadas antecipadamente. No tempo disponível para o ensaio na agenda dela, tínhamos apenas três horas. Não havia como trabalhar os detalhes, mas precisávamos chegar ao resultado desejado. O foco, então, foi no roteiro e na execução dele na frente de uma câmera – o que para ela era uma novidade amedrontadora. Ou seja, focamos no que era mais importante dentro do tempo que tínhamos.

Concentre-se em fazer o que dá no tempo que você tem!

Que recursos estão disponíveis?

Que recursos você terá disponíveis e qual será o formato escolhido para a sua apresentação? Se for uma palestra presencial, você terá uma tela para eventualmente mostrar imagens? Se for um workshop on-line, que estrutura de imagem, som e plataformas você terá para a transmissão?

Cada estrutura permite o desenho de uma experiência específica. Aqui é a escolha do formato – palestra, workshop, livro, vídeo, live, jogo... E dentro de cada um deles, o desenvolvimento da experiência em si.

Quanto posso investir?

Vão pagar por essa apresentação? Você tem verba para o que pensou no projeto? Vale investir? Contratar gestão de conteúdo, direção artística, designer, gamificar, treinar com um profissional? A empresa pode dar esse suporte?

Bons recursos podem fazer a diferença numa apresentação. Mas não se engane: mesmo sem verba, se você tiver criatividade e ousar no formato, pode chegar aos resultados esperados.

Muitas empresas me contratam para treinar seus funcionários para eventos especiais em que eles precisam representar a marca. São os chamados porta-vozes ou embaixadores. Em outros momentos, os profissionais me chamam diretamente e investem do próprio bolso porque querem desenvolver suas habilidades de comunicação, impressionar uma audiência ou sua liderança.

Uma vez fui chamada por uma empresa para treinar o presidente para um evento muito importante que envolvia potenciais investidores. Ele iria pedir dinheiro aos presentes, um valor expressivo. Tínhamos quatro desafios específicos:

1. O executivo em questão não acreditava que precisava de treinamento. Ele se achava ótimo, mas o setor de marketing acreditava que ele tinha muita oportunidade de crescimento como orador. Então, eu deveria convencê-lo a aceitar minha ajuda. Somos amigos até hoje, mas a primeira sessão foi tensa demais!

2. Seríamos a última empresa a subir no palco, por volta das cinco da tarde, no fim de um dia de apresentações que começaram às nove da manhã. O público certamente estaria cansado, com fome e querendo ir para casa. E talvez já tivesse optado por financiar outras empresas.

3. Era um fórum supertradicional do mercado financeiro, o que até nos dava uma vantagem, porque é mais fácil inovar sabendo o que costumam assistir.
4. Tínhamos verba e pude montar uma equipe. Trabalho com alguns designers e contratei um que é bom com memes – lembre-se de que precisávamos acordar aquela audiência.

O executivo acreditava que o povo brasileiro tem características empreendedoras, o que ele não possui é dinheiro, então sua empresa fornecia microcrédito para regiões pobres do país.

O que fizemos: mesmo com apenas quinze minutos de apresentação total, decidimos pela entrada ao vivo de uma convidada que utilizava o produto da empresa. Ela entraria pelos fundos da audiência e ofereceria os quitutes a plenos pulmões como fazia no seu bairro – tínhamos que impactar, afinal, o valor solicitado à plateia era alto! Para garantir a narrativa mesmo que nossa convidada não conseguisse chegar – São Paulo às cinco da tarde, sabe como é –, além de um motorista para buscá-la, contratei uma equipe de filmagem que foi até seu comércio e fez um minidocumentário que poderia substituir a participação presencial. Não seria tão incrível, mas não derrubaria nossos objetivos.

Tudo é uma questão de objetivos, recursos e criatividade. Se não dá para trazer presencialmente um convidado, pode ser um vídeo ou uma entrada ao vivo on-line. Se não dá para fazer um vídeo, podemos ter fotos. Se a projeção falhar ou se fizer mais sentido para o objetivo, teremos a maravilhosa estratégia de contar a história que queríamos mostrar, sem nenhum apoio de imagem.

Além de tudo isso, fizemos vários ensaios e até uma prévia com uma audiência para corrigir algumas manias, e o resultado foi sensacional! Na hora, as pessoas ficaram tão empolgadas que fotografaram as telas. Elas podiam comprar os quitutes na saída, e mesmo depois de um ano ele ainda recebia elogios por aquela apresentação – eu sei porque recebi os *prints*.

É impressionante o que podemos fazer numa apresentação quando temos investimento, mas garanto que o mais importante é a criatividade!

Se for você a pessoa que vai estipular o valor, todo o *briefing* deve ser levado em consideração. Avalie também o momento do mercado no qual vai atuar, sua senioridade e especialidade – quantas pessoas fazem o que você faz e como. Esse é o momento em que sua posição no mercado deve ser valorizada.

Qual é a minha motivação?

O que motiva você pessoalmente a buscar esse objetivo e a se envolver nesse projeto? Manter o emprego?

Aumentar sua reputação? Vender algo além do momento da palestra – como um livro, por exemplo? Divulgar um projeto pessoal ou um movimento? Esse item ajuda a decidir sobre o investimento. Às vezes, a empresa não tem verba, o festival não paga a sua passagem, mas a sua motivação vai além do cumprimento da tarefa de realizar uma palestra. E isso contribui também para sua decisão de investimento.

Quem são os meus parceiros?

Quem você pode incluir nessa oportunidade? Quem pode citar? Que pessoa ou empresa pode envolver? Quem você quer evidenciar? Lembre-se de que você não precisa vencer os desafios sozinho. Estamos na era da colaboração.

Logo que a pandemia de covid-19 começou, tive a ideia de um curso sobre como usar ferramentas digitais para envolver as equipes e realizar as tarefas que antes eram presenciais. Conversei com alguns clientes e fechei uma parceria ótima com a Nova Escola para levar esse projeto até professores da rede pública. Mas não fui sozinha, chamei um colega para desenvolver a ideia comigo, e muitas pessoas da organização colocaram a mão para deixá-lo redondinho e conseguir inclusive investimento para a execução. E o projeto se tornou o "Educação em

Rede", com foco no uso de ferramentas digitais para aulas remotas. Foram oito semanas entrando ao vivo com profissionais de diversas áreas e professores de todo o país para compartilhar soluções e ensinar didaticamente a utilização das mais diferentes ferramentas virtuais.

DESENVOLVIMENTO

Depois de compreender o *briefing* a partir dos pontos que enumerei, chegamos ao momento de efetivamente desenvolver o seu roteiro. Eu faço isso em três etapas:

Anotações iniciais

O que eu já sei sobre esse tema? Como ele se conecta com a minha experiência? Já dei outras palestras sobre esse assunto? O que ainda não sei e onde posso buscar informações sobre ele?

Em seguida, anoto tudo o que vem à minha mente. Nesse primeiro momento, sem pensar demais: conceitos, exemplos, reflexões, *insights*, exercícios. Tudo.

Faça isto: coloque na sua frente a nuvem de pensamentos que você possui sobre o tema do projeto para ver onde está a Grande Ideia.

Extrapolações

Sempre que possível, faço conexão com outras áreas do conhecimento. Aqui a brincadeira é ir do macro para o micro, do global para o individual, revisitando sempre o *briefing* e buscando mais informações para compreender do que essa audiência gosta e como surpreendê-la.

Inevitável passar por andragogia, autoconhecimento, *soft* e *hard skills*, competências, sentimentos, as humanidades todas, e colocar a ideação em jogo. Na medida do possível, é interessante envolver mais pessoas nessa etapa e começar a criar.

A "Grande Ideia" da sua apresentação

Você já deve ter ouvido falar em *Big Idea* – a Grande Ideia. Uma das definições do termo surgiu pela primeira vez com o publicitário britânico David Ogilvy, que o definiu como "uma ideia que é instantaneamente compreendida como importante, excitante e benéfica".

Para um roteiro ter mais chances de funcionar, ele deve ser estruturado em torno de uma única Grande Ideia. E, aqui, recorro novamente a Chris Anderson, o fundador do TED Talks. Anderson nos ensina que uma ideia é, na realidade, algo profundamente complexo. Uma ideia envolve uma multiplicidade de signos e possibilidades de associações e interpretações. É por isso que, numa apresentação, você não deve nunca tentar defender ou desenvolver muitas ideias. O ideal é que limite a sua palestra a apenas uma Grande Ideia. E que torne esta única ideia sua linha de raciocínio ao longo de toda a palestra.

Mas como saber se a sua ideia é, de fato, uma Grande Ideia?

Vamos lá. Aqui vão alguns pontos que você pode levar em consideração:

Sua ideia é simples e fácil de entender?

Você consegue explicá-la numa única frase? Para uma ideia reverberar, ela precisa ser simples o suficiente para que quem está ouvindo seja capaz de transmitir o que você disse para outras pessoas.

Você consegue, com a sua ideia, chamar a atenção de um grupo específico de pessoas?

Lembre-se de que nada do que você fala irá interessar a todas as pessoas do mundo. Devemos sempre pensar que estamos nos dirigindo a uma audiência específica.

Sua ideia é capaz de ajudar alguém?

Para que tenha receptividade, sua ideia deve ser capaz de realmente ajudar a sua audiência, entregando a ela informações de valor ou fazendo-a enxergar algo sob um ponto de vista diferente. Você não pode ser o único a se beneficiar do conteúdo da sua apresentação. Se seu público sentir que você está apenas querendo vender alguma coisa para ele, ou convencê-lo a todo custo de que sua ideia é melhor, ele poderá se fechar para o que você está dizendo.

Sua ideia é capaz de mobilizar a emoção da audiência?

Tente se lembrar de uma apresentação a que você assistiu. Concentre-se um pouco. Lembrou? Provavelmente você sentiu alguma emoção e, por isso, se lembra dela. Ninguém descreveu tão bem isso quanto Maya Angelou, autora do livro *Eu sei por que o pássaro canta na gaiola*. Ou, pelo menos, sempre atribuem a ela esta fala, e eu recomendo que você grave isso se quiser ser excelente numa apresentação:

> "As pessoas vão esquecer o que você disse, vão esquecer o que você fez, mas jamais esquecerão o que você as fez sentir".

Sua ideia traz algum nível de novidade?

Ela é intrigante ou contraintuitiva? Você não precisa inventar a roda, mas se sua ideia não for capaz de colocar algum assunto ou questão sob uma nova perspectiva, ela provavelmente soará para a sua audiência como mais do mesmo. Isso não é necessariamente um problema se o seu objetivo é reforçar a importância de algo já muito falado, mas saiba que ela pode pensar assim.

Tá, mas e se for a apresentação de resultados na empresa?

É a mesma coisa. Os resultados podem ser enviados numa planilha por e-mail, mas se pediram para você falar, querem as suas impressões a respeito, conexões com os objetivos do negócio e/ou ideias que você ou a sua equipe tiveram analisando esses dados.

Não se afobe, a grande ideia não precisa ser grandiosa, ela precisa ser legalzinha. Às vezes, é uma ideia básica, porém um pouco esquecida.

Como alguém que conversa com a sociedade nas redes há muitos anos, meus vídeos e posts são pequenas apresentações, e cada um carrega uma ideia mais ou menos potente de transformação social. Como as organizo? No bloco de notas no celular.
Assim:

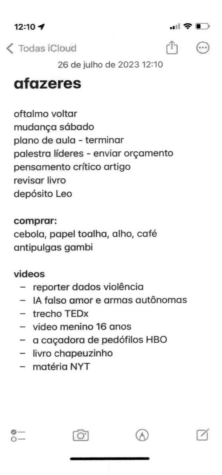

Elas ficam ali, logo abaixo da lista de afazeres. São situações que eu vivo no cotidiano, leio, ouço e anoto, porque me parecem interessantes, didáticas. Algumas geram um senso de urgência em mim, e eu gravo na hora. Outras levam dias, meses e até anos para amadurecerem. As ideias querem espaço, mas parece que eu não encontro o melhor formato para a abordagem.

E aí, um dia, acontece algo sobre aquele assunto que eu conecto e consigo desenrolar. Teve uma que levou três anos para sair do papel.

Às vezes, a ideia vem sem formato, ou o formato, sem a ideia. Em outros momentos, eu penso ou surge uma *trend* com uma performance eficiente nas redes, e essa performance é a ideia em si, então preciso encaixar um conteúdo.

Isso tudo para dizer que a sua ideia pode ser simples e, mesmo que pareça óbvia, pode contribuir para muita gente. Eu falo de tudo nas redes sociais, porque as uso como laboratório para experimentar abordagens de comunicação, e são dois os assuntos mais focais no momento: oratória e erradicação da violência sexual. Nesse segundo tema, recentemente abordei uma questão bem complexa: o compartilhamento de imagens íntimas por adolescentes.

Numa novela muito assistida, um criminoso ameaçava expor imagens íntimas de uma adolescente a seus familiares. Comentei a cena em vídeo. Já havia visto e lido muita coisa a respeito, além de conhecer o caso da irmã de uma amiga próxima que viveu esse horror. **A ideia veio quando uma seguidora no Instagram me enviou um vídeo, indignada, pedindo que eu o comentasse (acontece com frequência)**. No vídeo, em inglês, uma mulher ensinava adolescentes a enviar nudes com segurança usando algumas dicas básicas: não mostrar o rosto nem tatuagens, evitar deixar visível o quarto ou o uniforme da escola. Ela explicava como fazer isso de forma que essas imagens não os prejudicassem caso fossem vazadas por alguém.

Mas a pessoa que me enviou estava chocadíssima, porque, na visão dela, aquilo é um absurdo sem tamanho, uma invasão à inocência, uma incitação a atos libidinosos, o que, para mim, revelava uma falta de conhecimento sobre controle de danos de um problema muito, mas muito violento que afeta adolescentes no mundo todo. A indignação dela me indignou pelo motivo oposto, ao ver tamanha desconexão com a juventude atual e com a forma que os jovens se relacionam hoje no ambiente virtual, o que é um fato, quer a gente queira, quer não. E comecei a pensar em como abordar esse tema específico e qual seria a ideia central. Eu já tinha muitas fontes, deveria citá-las? Mostrar o depoimento de uma vítima? Como acessar essa pessoa revoltada e mostrar a ela que talvez devêssemos agradecer por esse conteúdo existir?

Algumas coisas surgiram na minha mente logo de cara:

1. Um vídeo excelente chamado "Childhood 2.0", que aborda problemas de crianças e adolescentes na relação com o virtual hoje (recomendo, está disponível no YouTube), em que a questão do compartilhamento de imagens íntimas é mostrada como muito natural entre adolescentes americanos – eles

nem começam conversas sem enviar nudes. Na página do projeto, há sugestões de como iniciar conversas sobre temas ligados ao digital;
2. O fato de muitas adolescentes brasileiras caírem em golpes e serem expostas;
3. Os documentários da Netflix *Audrie & Daisy*, em que uma adolescente tira a própria vida após ter suas imagens íntimas vazadas na internet, e *Cyber Hell*, que mostra grupos (que agora foram descobertos também no Brasil) de exploração de adolescentes por meio de ameaça de vazamento de imagens e que funcionam em aplicativos como o Discord;
4. A minha colaboração com o guia on-line da Childhood Brasil, chamado "Navegar com segurança", para a proteção de crianças e adolescentes na internet. Ufa!

Então, informação e fontes confiáveis eu tinha, e isso é elementar para falar em público: definir bem o que é nossa opinião e como foi formada. O que eu queria falar era mais ou menos isto: "Adolescentes mandam nudes, fale com eles sobre isso em vez de fingir que não acontece".

Na mesma época, fui contratada para dar duas palestras para os funcionários de uma empresa sobre segurança de crianças e adolescentes na internet. Numa delas, tivemos a presença da rede de apoio à criança no município, o que foi incrível. Na hora do *briefing*, o responsável pediu que eu abordasse como o consumo de pornografia estava relacionado à vulnerabilidade de crianças e adolescentes, já que a maioria dos funcionários, especialmente na palestra direcionada para a frota de caminhoneiros – que já são protetores da infância nas estradas –, eram homens. Topei na hora, é fácil incluir esse tema no conteúdo que preparei, no qual falo sobre os dez problemas gerados pela presença de crianças e adolescentes na esfera digital e como lidar com eles.

Eu aproveitei a oportunidade e perguntei se poderia abordar aquela questão específica: que ensinar um adolescente a mandar nudes de forma a se proteger é uma conversa que pode existir. Eu estava testando a receptividade do público com alguém muito especializado. Ele achou o assunto muito pesado, o que me fez pensar bastante. Poderíamos falar de forma explícita sobre o consumo de pornografia por aqueles adultos, mas falar que os adolescentes pelos quais eles são responsáveis criam imagens pornográficas de si mesmos era demais. O responsável não me impediu de falar, só disse que acreditava que isso seria bastante chocante para a audiência. Eu me comprometi a abordar de forma leve – que é meu jeito mesmo. Uso as minhas habilidades de comunicadora para trazer assuntos superssérios, mas não quero todo mundo deprimido no final, senão a gente fica paralisado. Eu quero que todos saibam o que fazer e façam algo.

Enfim, não consegui abordar o tema em nenhuma das duas palestras não só porque o tempo era de um minuto e meio e tinham muitas dúvidas ótimas para trabalharmos, mas também porque não consegui elaborar um formato e uma performance que considerassem tudo o necessário para gerar transformação. Eu tinha apenas a ideia e os argumentos de sustentação.

Ao final do segundo dia de palestra, ainda no hotel, fui dar outra palestra, agora on-line, sobre comportamento digital, para um grupo de garotas de treze a dezoito anos, e aí eu pude falar de forma mais aberta. O conteúdo era aqueles mesmos dez problemas, porém com um formato e uma performance totalmente diferentes, afinal, são adolescentes, e a conversa sobre nudes e como enviá-las de forma segura foi bem tranquila, o que me deu muita confiança.

Fiquei mais uma semana com aquele assunto na cabeça até que acordei um dia com tudo esquematizado na minha mente. Domingo, pois para criar, eu não sei você, preciso estar descansada mentalmente. Se tenho várias coisas para fazer, é difícil me concentrar. Decidi que faria uma cena engraçada entre duas amigas que são mães, em que uma está desesperada porque descobriu que o filho mandou nudes e vai contar para a outra, que questiona as companhias do filho da amiga e se ela não teria recomendado ao menino que não fizesse esse tipo de coisa. A primeira começa a se sentir muito culpada, e a segunda vai passando de inquisidora a acolhedora até descobrir que quem trocava fotos com o filho da amiga era seu próprio filho!

Eu chamaria a atenção com uma história inusitada e visivelmente *fake* para depois falar a sério no modo palestrinha mesmo.

Pensei em chamar minha vizinha de porta para fazer a amiga, mas ela acorda mais tarde, e eu estava empolgada, então gravei no estilo TikTok, onde uma pessoa faz os dois personagens mudando apenas algo na roupa. Eu amei! Achei o resultado ótimo, porque começa de forma engraçada, tem um *plot twist* e depois eu explico a complexidade disso com algumas histórias reais e recomendo dois filmes que tratam do assunto.

Funcionou? Mais ou menos. Minha mãe achou estranho abordar com humor um tema tão sério. Muitas pessoas compreenderam bem, ao mesmo tempo várias disseram que "é só proibir". Ou seja: eu poderia ter imaginado que falariam isso e já abordar essa questão no vídeo. Que bom que existem os stories (vídeos rápidos no Instagram que, no meu caso, estão conectados também ao Facebook) e os comentários no próprio vídeo, onde posso abordar mais aspectos enquanto o tema está sendo debatido nessa comunidade.

Caramba! Tudo isso para um vídeo de pouco mais de quatro minutos que ficou com o título: "Da série aceita que dói menos: adolescentes mandam nudes!".

Aproveitei para criar essa "série", imaginando que faria mais vídeos nesse tom.

Não foi o melhor vídeo que fiz nem o mais assistido, só que eu adorei, porque fiz o que acreditei ser eficiente e no momento necessário. Trouxe o exemplo porque mostra bem o que é essa ideia central e como trabalhá-la. Espero que inspire você!

Falar na internet é incrível quando gostamos de aprender e adaptar. Eu leio todos os comentários, converso, busco compreender como as mensagens saem da minha mente e interagem com os outros. Recomendo que você experimente mesmo que seja num post do LinkedIn, relatando alguma experiência simples do seu dia a dia profissional, alguma descoberta. "Bote a cara no sol", como diz uma amiga minha... O máximo que vai acontecer é você mudar de opinião – e socorro ser alguém que nunca muda, né?

Ter uma ideia central não significa defendê-la a ferro e fogo ou tentar convencer a audiência – até porque isso pode afastá-la. Não queremos ver que alguém está tentando nos convencer, persuadir ou manipular. Como cita Adam Grant no excelente livro **Pense de novo: o poder de saber o que você não sabe:**

> "Reconhecer a complexidade [do assunto abordado e as diferentes visões sobre ele] não diminui os efeitos de convencimento de palestrantes e escritores – pelo contrário, isso desperta mais confiança. Eles não perdem público nem leitores, mas mantêm o engajamento enquanto alimentam a curiosidade".

A partir das resistências do público, tive uma ideia para outro tópico "Apenas proibir sem explicar" em outro vídeo chamado "Cinco atitudes que colocam as famílias em risco na internet", no qual alerto sobre o fato de que mesmo que seu filho não tenha celular, ele terá acesso à internet de alguma forma. Ele tem um tom muito diferente do primeiro e é mais abrangente na compreensão dos diferentes pontos de vista sobre o assunto e, por isso, é mais aceito – o que não quer dizer mais assistido, porque as pessoas gostam de histórias e cenas.

Uma vez que você estabeleceu qual a sua Grande Ideia e entendeu, a partir do *briefing*, quem é o seu público, os objetivos de quem o contratou, o nível de intimidade da plateia com o assunto e que recursos – de tempo e tecnologia – terá disponíveis, pode começar a, de fato, montar a sua apresentação.

E é nesse ponto que passamos ao assunto do próximo capítulo.

Mas, antes, alguns equívocos comuns que você pode evitar!

Pare de subestimar a audiência

Temos uma tendência a fazer as apresentações que acreditamos que precisam ser feitas, e não aquelas a que gostaríamos de assistir. Brinco que incorporamos uma professora ruim do quinto ano, do tipo que é estereotipada em filmes. Com aquela didática clássica, chata e repetitiva, sabe? Acaba que falamos coisas que não gostaríamos de ouvir. Com a diferença de que, no caso de uma apresentação, a gente não pode ameaçar os alunos com nota baixa ou expulsão de sala. Precisamos da atenção da audiência. Então, esse jeito de fazer apresentações precisa mudar.

A audiência é como eu e você, e nós não gostamos de ser subestimados.

O público, na maioria das vezes, entende as mesmas referências que você. Sabe aquele meme que você viu de manhã? Todo mundo recebeu também. A internet está aí balizando toda forma de interação, lembre-se disso.

Levar a audiência em consideração significa fazer o que é importante para você ser importante para ela também.

O que as pessoas costumam querer quando assistem a uma apresentação? Elas buscam informação, *networking*, poder repetir uma ideia, algo para aplicar no dia a dia. Sempre construa suas apresentações com a intenção de deixar algo, de presentear a sua audiência. A pergunta mais importante é: o que esse público entenderá e levará do meu conteúdo?

É a atenção a esses detalhes que tornará a sua apresentação mais atraente.

Ninguém quer saber quem você é. Aceite que dói menos

Quando você é chamado a subir no palco, costuma começar falando "Oi, eu sou o fulano, de tal lugar, sou especialista em..."?

Não é preciso, acredite. Eu sei que é difícil, mas ninguém quer saber quem nós somos. As pessoas estão mais interessadas nelas mesmas ou na contribuição que podemos dar à vida delas. Então, não perca tempo se apresentando.

O apresentador já anunciou você, a informação já está na agenda, aparecendo no telão ou no slide. Isso é repetição de informação. Se a pessoa que estiver na plateia gostar de você e se interessar, ela vai conseguir encontrá-lo, tenha certeza. São tempos de internet, basta usar o Google!

Isso vale mesmo que não seja uma apresentação presencial. Se você está fazendo uma apresentação via rede social, por exemplo, seu nome já aparece ali, ou seja, ele é dispensável. Tudo o que já está ali não precisa ser repetido, a não ser que você tenha um excelente motivo para isso.

Não é que você não possa falar de si mesmo. A questão é como encaixar isso na apresentação de forma que não soe arrogante e ainda endosse sua reputação. Primeiro, deixe as pessoas curiosas, interessadas em saber quem você é, e, só então, responda a essa pergunta (que se formou na cabeça delas). Logo na chegada, elas ainda não tiveram a oportunidade de ver valor na sua presença ou nas informações que você trará.

CAPÍTULO 3

O formato é a maneira como você vai contar a sua história.

A forma pode transformar o conteúdo numa conversa, numa apresentação ou numa publicação como esta, por exemplo.

Eu não trabalho com uma estrutura fixa. Para cada objetivo e audiência, desenvolvo as estratégias que acredito que me levarão ao objetivo traçado.

Vou compartilhar agora alguns formatos que dão resultado. Vamos começar com o mais clássico, que com certeza você já viu. Em seguida, mostrarei outras possibilidades igualmente eficazes, especialmente em apresentações on-line.

ROTEIRO CLÁSSICO

Apresentação

Todo roteiro clássico começa com uma abertura na qual fica explícito o assunto do qual você vai tratar. Ela deve trazer para a sua audiência a Grande Ideia da sua apresentação, também chamada de **premissa central**.

Exemplo: Numa palestra sobre veganismo, a Grande Ideia ou premissa central pode ser: adotar uma alimentação baseada no consumo de vegetais é a forma mais eficiente de se acabar com a fome no mundo.

Essa é uma boa premissa, porque, de modo geral, as pessoas defendem o consumo de carne sob o argumento de que só é possível alimentar uma população de bilhões de pessoas por meio da combinação entre a monocultura e a pecuária. A premissa apresentada promete desconstruir essa crença.

Transformação

Aqui, você deverá deixar evidente a transformação proposta.

Exemplo: Após essa palestra, você nunca mais entrará num supermercado ou se sentará para comer da mesma forma. Uma vez que a nossa consciência desperta, nunca mais voltamos a ser os mesmos.

Sobre você

É importante que o público saiba quem você é. Mas procure fugir de uma apresentação muito institucional neste ponto. Uma boa alternativa é fazer uso do *storytelling*, contando alguma história marcante em que se evidencie o antes e o depois da sua transformação pessoal.

Exemplo: Você decidiu abraçar a causa do veganismo depois de trabalhar dez anos num consultório fechado prescrevendo receitas alimentares para pessoas que queriam melhorar a saúde. Um dia percebeu que sua vida não tinha um propósito maior.

Encerramento

Visualização do futuro. O que a audiência ganha quando aplica o que você acabou de ensinar? Ou compra o que você acabou de vender?

Exemplo: Independentemente de você virar vegano ou não, é impossível continuar pensando na sua alimentação e na dos seus filhos da mesma forma. Mais do que isso: é impossível não pensar em como a indústria de alimentos impacta a sua vida e a de todas as pessoas que você ama.

Chamada para ação (CPA) ou call to action (CTA)

Uma provocação ou informação de onde ela pode comprar, ou encontrar ou contratar você...

Exemplo: Você pode divulgar seus produtos e/ou serviços ou disponibilizar uma matéria que aprofunde os temas abordados durante a sua apresentação.

Dois exemplos práticos

Vou retomar o exemplo, dado no capítulo anterior, da palestra ministrada no TEDx Talk pela médica brasileira Ana Claudia Quintana Arantes, para demonstrar como desenvolver sua ideia principal e, na sequência, o TED Talk do Edgard Gouveia Júnior, um visionário e mobilizador social, para enfatizar a performance numa apresentação. Para assistir às palestras, é só digitar no seu navegador o nome do palestrante e a sigla TED. No caso da Ana Claudia, o próprio título da palestra já nos traz, de forma contundente, a premissa central que será desenvolvida e defendida pela palestrante: "A morte é um dia que vale a pena viver". O título, contraintuitivo, lança luz sobre um tema tabu nas sociedades ocidentais: a morte. A audiência fica imediatamente instigada, curiosa, se perguntando: "Que perspectiva essa mulher pode trazer que me ajude a encarar esse tema tão difícil? Será que posso ouvir aqui algo que me ajude a lidar com a perda de pessoas queridas? Ela já tem a minha atenção".

Primeiro ponto: sua apresentação começa já no título. Procure um título que provoque curiosidade ou identificação – todos nós, em algum momento da vida, iremos enfrentar a experiência da morte.

E como a Ana Claudia abre a palestra dela? Contando à plateia que, quando era médica residente, os profissionais com quem trabalhava não costumavam gostar muito dela. Porque, ao contrário da maioria dos médicos formados ou em formação, ela acreditava que a medicina tinha muito a oferecer a pacientes que estão em estado terminal.

Pronto. Aqui está a premissa que será desenvolvida ao longo de toda a exposição: ao contrário do que a esmagadora maioria das pessoas pensa, a medicina pode e deve, sim, olhar e tratar de pacientes cujos recursos conhecidos pela ciência não podem mais curar.

Essa é uma ideia que vai na contramão do senso comum e, em parte, por isso, é tão forte. De modo geral, as pessoas acham que, uma vez que um paciente recebe um diagnóstico de doença terminal, não há o que possa ser feito pela medicina além de amenizar o sofrimento do corpo. Ana Claudia vai desconstruir os argumentos do senso comum que sustentam essa ideia.

O primeiro passo dado pela palestrante é ressignificar para a audiência a definição da palavra "paliativo". As pessoas tendem a associar a ideia de paliativo à gambiarra, diz ela. No entanto, explica, "paliativo vem de *pallium*, termo que diz respeito a capa, manto, cobertor, àquilo que protege; esse manto era usado para fazer a capa dos cavaleiros medievais. É o que nos protege do frio, das intempéries, das dificuldades".

Medicina paliativa não é, portanto, oferecer apenas mais conforto físico ao paciente até a morte iminente. É, sobretudo, ofertar acolhimento e proteção, entendendo o indivíduo para além de sua dimensão biológica.

Depois de redimensionar esse primeiro conceito, é hora de ressignificar a ideia de "terminal", mostrando para a audiência que a terminalidade não tem a ver com tempo, com ter mais um ou seis meses de vida. Terminalidade, Ana Claudia explica, significa que a medicina não conhece a cura para aquele mal, e que a doença seguirá seu curso inevitável rumo à morte.

Nesse ponto, a palestrante habilmente insere um elemento de humor. Nunca é fácil falar sobre a morte, sobretudo de forma tão direta. Ela sabe, então, o momento oportuno de quebrar a tensão, interagindo com a plateia: "Todo mundo aqui já sacou que vai morrer, ou alguém tem dúvida disso?", pergunta ela, obtendo risadas dos presentes.

Uma vez tendo tornado o clima mais leve, é hora de trazer alguns dados práticos: "Todos os anos, 1,1 milhão de pessoas morrem no Brasil. Todos nós em algum momento faremos parte dessa estatística, todos nós teremos alguém que amamos fazendo parte dessa estatística".

Como tendemos a não ficar pensando na morte e em como ou quando vamos morrer, é impactante nos defrontarmos com esses dados. E Ana Claudia sabe disso. Nesse momento, ela já tem a atenção total dos presentes. É hora, então, de dar um passo a mais e conquistar seus corações.

Ela prossegue: "Desses 1,1 milhão de pessoas, oitocentas mil morrem de uma morte anunciada. De alguma doença crônica, degenerativa ou de câncer. E esse tempo permite ao indivíduo que ele redimensione a sua existência. Que reveja a sua vida, que encontre ou reencontre um significado para ela, que se reconcilie com familiares e amigos que ama".

Nesse momento, a palestra ganha uma dimensão mais emocional. Ana Claudia aproveita a tela disponível para projetar imagens de ex-pacientes, contando um pouco das suas histórias e ressaltando a conexão estabelecida com eles durante o tempo que passaram juntos. Começamos a ver as pessoas se emocionarem. Lágrimas se insinuam aqui e ali.

É hora, então, de aproveitar esse investimento afetivo dos presentes para dar as últimas machadadas nas ideias que começou a desconstruir, amarrando os pontos e propondo uma nova visão sobre o que foi colocado: 1) Medicina paliativa é mais do que simplesmente aliviar o sofrimento físico do doente. É, sobretudo, dar o acolhimento necessário para que ele possa enfrentar a morte com serenidade. Tem a ver com espiritualidade; 2) Todos iremos morrer, isso é inevitável. Mas faz muita diferença morrer tendo (re)encontrado um sentido para a vida e em paz com todos aqueles que amamos; e, por fim, 3) Se o indivíduo que está sofrendo com uma doença terminal recebe os cuidados e a empatia de outro ser humano, poderá enfrentar esse momento inevitável – a morte – de um lugar mais tranquilo e potente.

Uma vez que as ideias centrais da palestra são recapituladas, é hora de encerrar trazendo novamente o título, que agora já ganhou um novo sentido para a audiência. Ana Claudia conclui assim: "Nessa vida, a gente só morre uma vez, não pode dar vexame. Se a gente tiver a chance de encontrar profissionais que se comprometam com o nosso tempo, com a importância que nós damos para o nosso tempo, e colocar como prioridade do trabalho dele o que a gente determinar para isso, nós seremos gente de muita sorte. E eu estou muito feliz de saber que tem mais gente que pode um dia acreditar *que a morte é um dia que vale a pena viver*. Obrigada".

Claro que para cada pessoa um tema pode impactar mais ou menos de acordo com suas experiências prévias. Geralmente, o que vai marcar a audiência é a identificação com o tema ou o espanto por desconhecê-lo por completo ou parcialmente.

No caso da palestra da Ana Claudia, por exemplo, é inevitável para mim lembrar de um show de calouros que propus para uma turma do primeiro ano do curso de teatro da Faculdade de Artes do Paraná, nos anos 2000. Cada aluno deveria apresentar algo importante para si, marcante na sua trajetória. Tivemos dublagens, contorcionismo, uma aluna imitando o Michael Jackson (com luva e tudo) – era uma tradição de família, os irmãos faziam, e ela, como única menina, aprendeu a coreografia melhor do que todos, nos contou. E teve uma aluna que eu nunca esqueci. Ela levou um álbum de fotos de cães em estado terminal dos quais ela havia cuidado e nos contou a história de alguns deles, a maioria abandonada por seus tutores quando descobriram alguma doença grave. Ela os encontrou e cuidou deles até a morte. O carinho com que ela mostrou aquela relíquia ficou marcado e veio à tona com essa palestra.

O que apresentamos às pessoas conversa com a intimidade delas, com suas lembranças, experiências e crenças. É sempre uma conversa mesmo quando parece que estamos falando sozinhos.

No segundo exemplo, Edgard Gouveia Jr. começa sua apresentação com uma provocação: "E se eu dissesse para vocês que construir o mundo que a gente sonha pode ser rápido, pode ser divertido e não precisa colocar a mão no bolso?". A partir dessa ideia, que ele mesmo reconhece parecer um pouco ousada, para dizer o mínimo, ele propõe à plateia uma dinâmica que comprova o que ele quer dizer e ensina à audiência a metodologia que, junto com seus colegas, utilizou para transformar uma região destruída pelas chuvas no estado de Santa Catarina, que deixou mais de sessenta cidades debaixo d'água em 2008.

Ele começa com perguntas e pede que quem tem determinadas características se levante ou execute algumas ações com os braços e as mãos. Descrevendo aqui, pode parecer uma dessas coisas constrangedoras de apresentações interativas, porém Edgard tem uma forma de conduzir – e muita experiência de palco – que faz com que todos entrem na brincadeira que contém toda a lógica da apresentação resumida.

Eu, particularmente, gosto muito de apresentações que comprovam em sua estrutura as ideias que estão querendo vender. Escolher um formato adequado à ideia comprova que ela é possível e desperta confiança na audiência.

Além disso, ele utiliza diversas estratégias narrativas que mostrarei já, já. Uma delas, que chamo de "voz interna", é lida pelo público como autenticidade. Consiste em você falar em voz alta os bastidores do seu pensamento, algo que geralmente pensamos, mas não falamos. Logo depois dessa "brincadeira" interativa, ele diz como se fosse alguém que está na plateia: "Muito interessante, Edgard, mas o que é que essa baboseira toda tem a ver com mudar o mundo?". Essa pergunta descontraída, que revela o possível pensamento desconfiado de alguém, traz para perto quem não se engajou nessa primeira proposta e mostra que ele não se leva tão a sério assim, o faz soar como uma pessoa acessível. No caso, eu tenho a alegria de conhecê-lo e sei que é uma pessoa acessível, mas poderia ter sido apenas uma performance.

Após esse momento inicial, o tom muda e ele descreve o cenário avassalador da tragédia, a comoção nacional e como, após três meses do desastre, os jornais, e, portanto, as pessoas em geral, esqueceram o assunto enquanto a população do local continuava em sofrimento.

A partir daí, Edgard descreve como reuniu alguns amigos que já tinham o hábito de criar jogos para mudar o mundo e crianças de Santa Catarina para uma ação de reconstrução da região que se tornou nacional, com equipes de trinta universidades de norte a sul do país participando. A cada momento, ele mostra a estrutura do jogo fazendo uma analogia com a brincadeira inicial, de forma que todos aprendemos no detalhe como mudar o mundo de forma rápida, divertida e sem colocar a mão no bolso!

"Ai, Sheylli, não exagera!", você pode estar pensando. Só que eu tive a oportunidade de participar da Escola de Guerreiros Sem Armas do Instituto Elos, onde o Edgard atuava em 2007, para viver isso na prática: a transformação de espaços e comunidades a partir desses princípios. Como ele diz na palestra:

"Brincando, todo mundo é empreendedor;

Brincando, todos nós queremos trazer naturalmente, sem pensar muito, sem muito medo, sem muito esforço, a melhor versão de nós mesmos;

Brincando, a gente não quer parar de jogar; é sustentável.

A escala de desafio global que a gente tem hoje é tão grande que não dá mais tempo de heróis, de líderes, de ativistas, do governo e do chefe. A gente precisa que todo mundo 'bata um bolão'!"

Depois do roteiro clássico e desses dois exemplos, quero deixar aqui outros modelos de roteiro para você se divertir!

ROTEIRO "CABEÇA DA AUDIÊNCIA"

Esse funciona muito bem para vender na internet. Você deve responder às perguntas que provavelmente estão na cabeça do público. Não necessariamente nesta ordem:

> O que vou aprender?
> O que vou ganhar com isso?
>
> Será que eu consigo?
> Será que isso é para mim?
>
> Por que tenho que ouvir você sobre esse assunto e não outra pessoa?

Exemplo: Que tal comer uma massa fresquinha e deliciosa que fica pronta em quinze minutos? Fácil de fazer com produtos que todo mundo tem em casa, eu te ensino o passo a passo. Afinal, estou há cinco anos fazendo massas todos os dias para alegrar a nossa mesa!

ROTEIRO "EU, NÓS E O MUNDO"

Funciona bem para engajar o público em causas ou produtos com impacto socioambiental e temas ESG [Environmental, Social and Governance].

1. A importância do assunto para mim.
Por que me importo com o tema?

2. A importância do assunto para nós.
Por que o público deve se importar com o tema? E também por que desejo seu engajamento, a sua ajuda ou o seu financiamento?

3. A importância do assunto para o mundo.
Por que agora? Qual a relevância desse tema no momento atual do mundo?

Você pode usar essa estrutura de forma progressiva ou regressiva, começando com a importância do tema para o mundo hoje, depois para o público e, por fim, o que o tema significa para você, particularmente.

Esse modelo é muito utilizado por líderes mundiais, e você pode pesquisar mais sobre ele como "Public Narrative". O gráfico a seguir resume o conceito que busca inspirar a transformação na audiência por meio de um senso de comunidade, propósito e urgência.

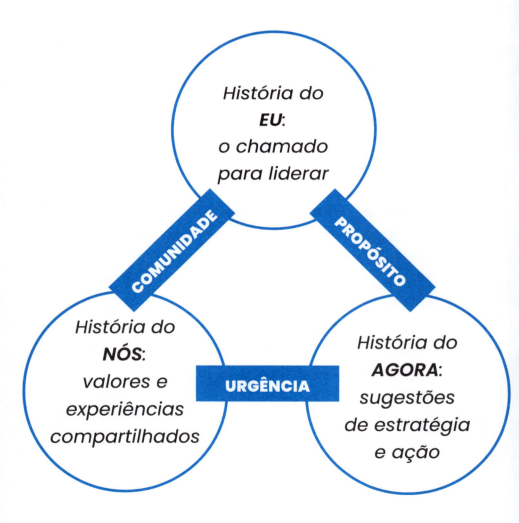

ROTEIRO DE TRANSFORMAÇÃO

A maioria das apresentações, seja para uma grande audiência ou durante uma reunião, propõe uma transformação, uma mudança a partir daquela fala. Se você tem o objetivo de transformar ou sugerir algo a partir da sua apresentação, focar nessa mudança é importante:

1. Abertura
Algo que gere a identificação do público com o tema ou problema que você vai abordar. Isso pode ser feito de várias formas. É possível usar uma pergunta, descrever uma cena, contar uma história.

2. Transformação
Deixar clara a transformação proposta. O que você sugere que mude na situação que expôs no início?

3. Apresentação
Aqui você pode incluir uma breve apresentação pessoal focando uma transformação sua, explicando por que você acredita que essa transformação vai funcionar.

4. Encerramento
Visualização do futuro. O que a audiência ganha quando aplica o que você acabou de ensinar ou sugerir? Ou compra o que você acabou de vender?

Descreva como será a vida dela quando a mudança tiver acontecido.

5. Chamada para ação (CPA) ou call to action (CTA)
Uma informação de onde sua audiência pode comprar, ou encontrar o produto, ou contratar você... Enfim, os próximos passos para que essa mudança aconteça.

ROTEIRO PIRAMIDAL

Excelente para o ambiente corporativo, quando temos que apresentar resultados ou propostas de solução, incluindo produtos. Nela, você parte da conclusão para depois argumentar como chegou a ela. Se você precisa usar slides, a organização deles fica mais fácil seguindo o Princípio da Pirâmide sugerido por Barbara Minto.

Quando estamos numa reunião de negócios, o tempo de todos é muito valioso. Começar pelo resultado otimiza esse tempo, e, caso alguém não possa ficar até o fim da sua exposição, ao menos compreendeu o que você está propondo. É piramidal porque, após expor a conclusão, você mostra os argumentos de como chegou a ela, depois mais argumentos que sustentam esses argumentos iniciais e assim consecutivamente, aprofundando o tema.

1. Começar pela tese ou conclusão
2. Agrupar os argumentos de suporte e resumi-los ao máximo
3. Organizar as ideias de suporte de maneira lógica

Digamos que, para resolver um problema da empresa, você e a equipe de que faz parte chegam à conclusão de que precisam de maçã, bolo, carne moída e outras seis coisas (poderiam ser recursos, equipe e prazo). Geralmente, para chegar a essa conclusão, vocês partiram dos sintomas de um problema, procuraram a causa raiz, pesquisaram, levantaram dados de mercado e dos usuários e, então, estudaram hipóteses de como atuar nessa causa para elaborar uma proposta de solução.

Na hora de apresentar essa proposta, há uma tendência de querer mostrar todo o percurso que vocês fizeram para chegar à solução, como se isso fosse mostrar a relevância da solução para quem assiste e, portanto, vender a ideia mais facilmente. Mas isso pode ser um tiro no pé, porque as pessoas para quem você vai apresentar estão esperando a solução, e não o percurso para chegar a ela. Você é o especialista contratado para entender todos os detalhes. Ao seu público, interessa o que ele terá que decidir ou fazer a partir da sua conclusão. Por isso, partir dela otimiza o tempo de todos. Claro que você vai explicar suas razões e seus dados, porém de forma resumida e apenas se for solicitado. Uma brincadeira ajuda. Coloque um timer de dez segundos e tente decorar os seguintes itens: maçã, bolo, carne moída, pão, frango, bolacha, mamão, linguiça e banana. Tempo esgotado! O que você lembra? Geralmente, pouca coisa, porque falta ordem e sistematização. Olhe como poderiam ser os seus slides se essa apresentação de necessidades fosse real:

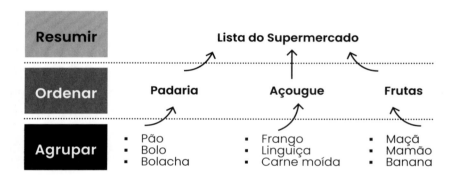

No lugar de pedir uma lista de itens, por exemplo, para realizar o projeto precisaríamos disso, disso e daquilo, siga a lógica do exemplo do supermercado e comece agrupando os itens por afinidade, então ordene e resuma. Nesse caso, ficaria algo como: temos que ir ao supermercado comprar itens na padaria, no açougue e na frutaria – depois você pode detalhar. Já no seu projeto, poderia ficar assim: "Com investimento de 8% da receita aumentaremos em 15% o faturamento com o novo produto. Vamos dividir esse valor em nova embalagem, campanha digital e brindes. Na sequência, você poderia detalhar cada ação e como o valor seria utilizado.

A mesma lógica pode ser aplicada a qualquer comunicação, como num e-mail. Vou mostrar a você um e-mail e como poderíamos reescrevê-lo.

> Pessoal, boa tarde! Tudo bem?
>
> A Juliana me ligou para dizer que não poderá comparecer à reunião no dia 5, pois terá outro compromisso importantíssimo nessa data. Já o Fabio disse que poderá vir dois dias antes ou depois, ou até mesmo no dia 10. A secretária da Renata também entrou em contato e avisou que ela só voltará de viagem bem tarde no dia 5, correndo o risco de não poder participar da reunião.
>
> Por ora, a sala está reservada para o dia 6, porém já verifiquei que um dos únicos dias do mês em que ela também estará livre é o dia 7. Pensando nisso, que tal remarcarmos para essa data?
>
> Aguardo a resposta de vocês para definirmos isso.
>
> Obrigada!

Agora vamos aplicar a pirâmide:

Resumo

Podemos remarcar a reunião do dia 5 para o dia 7?

Ordem dos principais argumentos

Isso seria mais conveniente para Juliana e Fabio
Também possibilitaria a presença da Renata
A empresa tem sala disponível para essa data

Agrupamento

Juliana tem outro compromisso no dia 5
Dia 7 encaixa melhor na agenda do Fabio
Renata volta de viagem no dia 5, muito tarde
É uma das únicas datas do mês em que a sala está livre

Observe que no formato de pirâmide podemos ver qual argumento sustenta cada ideia e quais são mais relevantes:

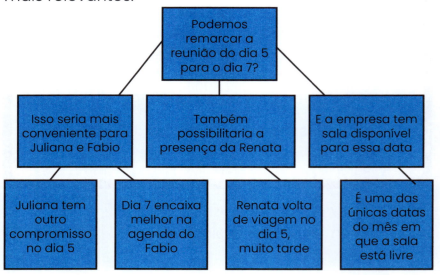

Como ficaria o e-mail reescrito com base nessa organização piramidal?

```
Pessoal, boa tarde! Tudo bem?

Podemos remarcar a reunião do dia 5 para o dia 7?

Isso seria mais conveniente para Juliana e Fabio, além de possibilitar a presença da Renata. Além disso, já verifiquei e a sala está disponível nesse dia.

Aguardo a resposta de vocês para definirmos isso.

  Obrigada!
```

ROTEIRO RÁPIDO

Este modelo é muito comum em vendas na internet e no marketing digital. Recomendo que você o decore para usar numa situação de improviso. Afinal, improviso não é partir do zero, podemos nos preparar para essas situações.

1. Problema (dor do cliente/audiência)
Entrar nessa dor de um jeito que as pessoas se identifiquem. Pode ser com perguntas, hipóteses ou qualquer uma das 31 estratégias narrativas que você verá neste livro.

2. Solução (seu produto ou serviço)
Como você sugere resolver esse problema, esse desconforto, essa dor.

3. Visão de futuro (benefício)
Faça a pessoa viver o benefício de experimentar a solução. Ajude o público a sentir como será sua vida quando o problema estiver resolvido.

Como você viu, a ordem dos fatores aqui altera o produto, sim! Porque o produto é a própria apresentação; mesmo que seja para vender algo, ela também tem que ser "vendida". O que vem antes ou depois precisa ser adequado ao público.

Vamos imaginar uma palestra sobre um serviço da sua empresa num evento do setor. Escolhi aqui três itens comuns nesse tipo de apresentação que podem ser ordenados de formas diferentes:

Exemplo 1	Exemplo 2
Case de sucesso História de um cliente que teve seu problema resolvido. Frisar o antes e o depois.	**Dados de mercado** Como esse serviço tem crescido? Qual é o valor dele comparado ao de outras localidades?
História pessoal Por que você escolheu trabalhar com esse serviço ou produto?	**Case de sucesso** História de um cliente que teve seu problema resolvido. Frisar o antes e o depois.
Dados de mercado Como esse serviço tem crescido? Qual é o valor dele comparado ao de outras localidades?	**História pessoal** Por que você escolheu trabalhar com esse serviço ou produto?

Se você está se apresentando para investidores, talvez eles deem mais crédito à apresentação se você começar mostrando dados de mercado como no Exemplo 2. Já se o seu público é o consumidor final, ele certamente quer saber como seu problema será resolvido e o Exemplo 1 se adequa mais. Outros empresários talvez se interessem em saber como você criou ou decidiu entrar no negócio.

A lição aqui é: dê primeiro o que a audiência quer e depois aquilo que você acha que ela precisa.

Sempre que vamos conversar com alguém, participar de uma reunião ou fazer uma apresentação, é porque queremos algo. Divulgar os nossos serviços, produtos, convencer o público de algo. É importante, no entanto, fazermos um exercício de empatia para imaginar ou pesquisar o que essa audiência quer. Afinal, se não dermos o que ela quer, a probabilidade de continuarem nos ouvindo é muito baixa. Precisamos mostrar que a compreendemos e temos algo para agregar. Algum valor para adicionar na equação do nosso encontro. Em várias ocasiões, você não tem como saber detalhes dessa audiência e, nesses casos, precisa lembrar que ela é feita de seres humanos como você.

O que é que todo mundo quer? Conforto, tranquilidade, saúde, afeto, realização, segurança, finanças saudáveis, lucro, economia. E, quando digo lucro ou economia, pode ser economia de tempo, de recursos, de materiais.

Portanto, tudo na sua fala que evidencie lucro ou economia, tudo que evidencie um benefício, será ouvido como uma vantagem pela audiência e ela ficará mais interessada.

Lembre-se, então, de encontrar os benefícios que atingem a sua audiência e deixá-los explícitos logo no começo da conversa. Além de mais atenção ao conteúdo da sua fala, isso aumentará o interesse por você e até o seu carisma, pois vai transparecer sua generosidade em compartilhar algo útil com a audiência.

Muitas vezes tratamos o público como se fosse nosso cliente final e ficamos fazendo propaganda dos nossos produtos. Esse é um equívoco muito comum. Antes de sair vendendo, entregue a quem está ouvindo você algo de valor, uma informação, um *insight*, uma ferramenta, uma forma diferente de olhar para determinado problema – algo que possa realmente fazer a diferença, mesmo que pequena, na vida de quem está ali.

A generosidade é uma ferramenta poderosa. As pessoas têm uma propensão muito maior de querer acompanhar, se conectar e até comprar de quem já contribuiu para elas de alguma maneira. É o que chamamos de gatilho da reciprocidade.

Preocupe-se em criar uma conexão com a pessoa antes de torná-la cliente do seu produto. Já comentei sobre isso na apresentação deste livro, mas precisava frisar aqui.

Agora que você entendeu o quão importante é perceber os desejos da sua audiência, vamos ver de perto os elementos que devemos levar em consideração ao construir o formato da nossa apresentação.

O SEU ROTEIRO

Toda apresentação memorável começa com um bom roteiro. Desde uma aula de história dada num auditório lotado para vestibulandos até uma peça de teatro encenada por atores famosos. Mesmo comediantes de *stand up*, que muitas vezes parecem improvisar suas piadas, passam meses trabalhando no roteiro das suas apresentações ao vivo.

Não é que não haja espaço para o improviso – especialmente numa apresentação artística –, mas pode ter certeza de que ele é muito menor do que imaginamos a princípio. E mesmo a capacidade de improvisar, de criar elementos inicialmente não planejados na sua fala, só será desenvolvida às custas de muito ensaio.

Sabe aquela tirada que parece ter surgido de súbito na palestra do especialista que você gosta de acompanhar na internet? Aquela analogia que nos faz compreender um conceito complexo de uma área que não dominamos? Tudo isso, 99% das vezes, está no roteiro do responsável pela apresentação!

O roteiro não precisa ser um bicho de sete cabeças. Roteirizar é basicamente organizar as informações – e você pode fazer isso num arquivo de texto, no bloco de notas do seu celular, numa mensagem de áudio para si mesmo ou até num saco de pão.

Isso tudo pode parecer um tanto óbvio. O que você quer saber é o que o seu roteiro precisa ter para que, ao final, você tenha uma apresentação, de fato, eficiente. E mais do que isso: memorável, instigante, capaz de deixar a sua audiência conectada a você e ao que você está dizendo do começo ao fim.

É o que veremos nos próximos tópicos. Lembrando que, neste livro, também estamos seguindo um roteiro. Antes de considerar os tópicos a seguir, é bacana colocar em prática o que aprendeu no capítulo anterior. Lá, estão os elementos para você ter um roteiro consistente, capaz de gerar conexão verdadeira com a sua audiência. Agora, iremos passar por inúmeras técnicas que vão ajudá-lo a dar um acabamento mais atrativo ao roteiro que você escolheu.

DÊ À SUA AUDIÊNCIA UM MOTIVO PARA ESCUTAR VOCÊ

Chris Anderson – já falamos algumas vezes sobre ele aqui – diz que, antes de começar a colocar ideias na mente das pessoas, você precisa da permissão delas para fazer isso.

E qual é uma das melhores ferramentas para se fazer isso? A curiosidade. Costumo dizer que temos a mania de dar respostas nas nossas apresentações sem que alguém tenha perguntado algo e isso não traz resultado. Por exemplo, treinei um professor que dava aula de direito para alunos que prestariam um concurso público.

Ele começava a fala mais ou menos assim: "O direito constitucional funciona assim e assado no Brasil...", e continuava discorrendo sobre os conceitos. Como gerar interesse nessa audiência que não está nem aí para o direito constitucional, mas quer passar no concurso? Uma opção é despertar a curiosidade. Por exemplo: "No ano passado, das cinquenta questões de direito que caíram na prova, quinze foram de direito constitucional. Esta foi uma delas, você saberia responder?". Nessa segunda versão, o público já começa a compreender o motivo de ter que estudar e fará isso com mais envolvimento.

Você pode fazer perguntas que despertem a curiosidade da sua audiência. Revelar uma incoerência na visão de mundo de uma pessoa a fará sentir a necessidade de suprir essa lacuna de conhecimento.

DIDÁTICA

Didática, por definição, é a arte de transmitir conhecimentos, uma técnica de ensino. Como comunicador de uma ideia, você deve se perguntar: Estou conduzindo esta apresentação numa lógica que as pessoas conseguem acompanhar? Além de passar informações, estou conseguindo cativar quem está me ouvindo, fazer a plateia vibrar na mesma frequência que eu?

Uma amiga me contou que, quando estava no ensino médio, tinha certeza de que detestava história. Ficava sempre com a sensação de que as aulas eram um empilhamento de informações – nomes, datas e acontecimentos – para o aluno decorar. Até que, no segundo ano, teve a oportunidade de ter aula com uma professora que modificou completamente essa percepção.

Em vez de montar as aulas a partir de um cronograma, ressaltando a relação entre as datas e acontecimentos mais importantes de determinado período histórico, ela ia sempre criando cenas, personagens e situações que provocavam nos alunos emoção e identificação.

Nas aulas sobre a Segunda Guerra Mundial que essa amiga havia visto até então, era sempre a mesma coisa: "Tudo começou com a invasão da Polônia pela Alemanha, que levou a Inglaterra e a França a declararem guerra à Alemanha nazista...". A partir daí, a exposição prosseguia com um sem-número de informações sobre líderes mundiais, datas e acontecimentos com os quais os alunos não tinham a menor conexão.

Mas essa professora usava uma metodologia diferente.

Nessa aula sobre a Segunda Guerra Mundial, ela começaria assim: "Imagine que você tenha brigado feio com seus colegas mais novos do oitavo e nono anos. Depois dessa briga, seus companheiros de turma se reúnem e fazem um acordo entre eles para tomar de você seus livros e sua carteira e entregar para todos os que se sentiram lesados com a briga. Eles são maioria, e você é obrigado a aceitar. Para completar, eles ainda conseguem o apoio da diretoria da escola. Só resta a você se resignar e cumprir as ordens dos seus colegas. Como você iria se sentir?". Assim, a professora abriria a aula provocando os alunos com uma pergunta.

Instigados pela situação que começavam a imaginar, eles responderiam: "Eu ficaria com raiva", diria um. "Eu me sentiria injustiçado", falaria outro. "Eu ia me sentir humilhado!", alguém gritaria.

Então, a professora emendaria: "Era assim que a Alemanha se sentia no fim da Primeira Guerra Mundial, com o Tratado de Versalhes...". E prosseguiria, contando como as imposições do tratado feito pela Liga das Nações tinham criado o contexto de ressentimento e revanchismo que tornaria o território alemão fértil para a ascensão do nazismo.

A partir daí, ficava muito mais fácil assimilar os inúmeros eventos que se desenrolariam da exposição. Sempre que um país ou acontecimento novo entrava na história, a professora voltava à situação inicial e montava uma nova analogia, com a sensibilidade de levar em consideração que a audiência dela era feita de adolescentes de dezesseis e dezessete anos.

Isso é didática. É alterar a forma a fim de deixar seu conteúdo mais claro, mais instigante e mais fácil de ser assimilado.

Perceba que o conteúdo em si é exatamente o mesmo. Mas a forma de trazê-lo, fazendo o uso de técnicas de *storytelling*, de metáforas, analogias, evocando uma situação que provoca emoção e identificação da audiência, é uma habilidade didática que pode ser desenvolvida.

Assim como a professora da minha amiga, procure sempre trazer sua ideia parte por parte a partir de conceitos que o seu público já conhece – o excesso de informações sem contextualização prévia dispersa e cansa a audiência – e use a linguagem deles, não a sua. Com frequência, comunicadores se esquecem de que os conceitos que são familiares para eles podem ser completamente desconhecidos do público. Comparações e exemplos, tudo isso é bem-vindo.

Não estou dizendo que você precisa criar um discurso novo a cada vez que estiver diante de um interlocutor diferente. Isso é cansativo, e você ainda corre o risco de perder a autenticidade. Mas a sua linguagem precisa ser simplificada para atingir um número maior de pessoas.

Eu sempre digo a mesma coisa, mas de maneiras muito diferentes, com novos argumentos, e por isso acabo obtendo resultados diferentes. Faça o teste.

TRATE A SUA AUDIÊNCIA COMO GENTE GRANDE

Um adulto gosta de ser reconhecido por sua experiência. Não podemos tratá-lo como um jovem aprendiz. Na prática, sua construção didática precisa considerar a experiência desse adulto. Nas explicações a seguir, ele provavelmente vai se conectar mais com a segunda frase do que com a primeira:

1. Quando não atingimos o clímax da história através de uma tensão intencional, dificilmente o público vai rir no fim da piada.

2. Certamente você já contou uma piada e ninguém riu. Quando isso aconteceu comigo, compreendi que eu não havia colocado tensão suficiente na história.

3. Segundo fulano, se não colocarmos tensão ao longo da história, provavelmente o público não reagirá de forma catártica no final.

Qual é a diferença entre as duas primeiras frases, que querem dizer exatamente a mesma coisa? Ambas ensinam que para provocar riso na audiência é necessário criar uma tensão ao longo da história. A primeira é informativa, e a segunda leva em consideração a experiência do ouvinte, além da experiência do apresentador.

Ele não se coloca como "dono da verdade", e, sim, como alguém que passou pela mesma situação e está dividindo suas impressões. Assim elas serão mais aceitas por uma audiência adulta.

Já na terceira frase, o recurso para conquistar a audiência foi trazer uma citação. É um bom recurso, mas use-o com parcimônia, de acordo com o seu objetivo. Numa venda, as pessoas querem se sentir identificadas emocionalmente com algo, e a citação pode trazer uma sensação de distanciamento. Quando o produto é um livro ou um curso de formação, cabe muito bem o uso estratégico de citações.

Resumindo:

Pode ser que a audiência não saiba nada sobre o seu tema, mas ela certamente sabe muito sobre várias outras coisas, e isso precisa ser levado em consideração.

TESTE O SEU ROTEIRO

Quando eu estava na faculdade de teatro, tive que fazer uma apresentação e pensei: "Para que ensaiar? Vou deixar tudo pronto na minha cabeça mesmo". E assim fiz. Fiquei uns dois dias repassando tudo o que ia fazer, ensaiando só na minha mente. Chegou o dia da apresentação e realmente tudo aconteceu como eu tinha planejado. Só que, enquanto apresentava, acabei descobrindo coisas novas que poderia ter aproveitado em cena. Então, o roteiro não serve para nada se a gente só deixá-lo escrito no papel ou dentro da nossa cabeça. Ele precisa ser testado.

Um roteiro não é uma apresentação, um texto não é um espetáculo teatral e um *script* não é um filme. São apenas palavras no papel. Independentemente do modelo de roteiro que escolher, você precisa ensaiar. Esse é o ouro da sua apresentação.

Um bom roteiro de apresentação não é um roteiro bem escrito, mas um roteiro bem executado.

O comediante e palestrante Murilo Gun contou em entrevista que, no começo da sua carreira, pedia para sua esposa registrar com um gravador a reação da plateia nas suas apresentações. No dia seguinte, ele botava o áudio da gravação para tocar no computador e gerava um gráfico a partir dele. Dessa forma, o comediante conseguia saber exatamente os momentos do texto em que a plateia havia se engajado mais, gargalhando, e os momentos em que determinada piada não tivera o resultado esperado. Com esse material, ele podia recalcular a rota para as apresentações seguintes, fazendo acréscimos, cortes e mudanças no texto.

Independentemente do estágio em que você está, treino é fundamental. Pode ser com você mesmo gravando e assistindo, no caso de um vídeo; lendo em voz alta, experimentando métodos diferentes. Antes de postar e ser resiliente, você treina. Faça uma vez. Não gostou? Faça de novo. Não gostou? Estude outra maneira e siga em frente. Uma hora você vai gostar! Aqui, lembre-se de se comparar com você, e não com outras pessoas. Pegue essas tentativas e estude uma a uma, para ver o que está melhor em cada uma delas.

Uma das primeiras perguntas de quem vai começar a fazer vídeos é: "Mas e os haters?". Olhe, até ter haters, você já aprendeu a fazer.

Ninguém começa com um vídeo incrível. Vamos aprendendo a fazer melhor com a repetição. Ter haters quer dizer que você conseguiu estourar a bolha das pessoas próximas. Quando conseguir isso, você já estará fazendo vídeos melhores, pode acreditar!

> Imagine que você precisa apresentar algo para uma comissão com quarenta pessoas da empresa em que trabalha, mas tem uma emergência familiar e precisa escolher alguém que fará a apresentação em seu lugar. Dois colegas igualmente competentes estão disponíveis. O primeiro conta que assistiu a várias

> palestras e leu mais de dez livros sobre apresentações de impacto, mas que nunca se apresentou de fato. O segundo conta que, mesmo não tendo muito conhecimento teórico sobre como fazer uma boa apresentação, já fez uma para trinta alunos e professores na escola do filho. Quem você acredita que está mais preparado? Eu escolheria o que já se apresentou, porque em comunicação a gente aprende fazendo! De vez em sempre, pare de ler este livro e treine um pouco.

Por fim, você não precisa estar só nessa empreitada. Ainda mais neste mundo maravilhoso e conectado. Está em dúvida? Mande para alguém, poste primeiro num grupo fechado, peça opinião e aprimore o seu conteúdo a partir dos comentários. A colaboração é muito importante e pode proporcionar novas oportunidades, ideias e amizades! No caso de um vídeo ou texto, mesmo depois de postar, edite, corrija. Já editei texto, já editei vídeo, é assim mesmo.

Comunicação é um trabalho permanente em comunidade.

DINÂMICA

Não há como fugir. Manter a atenção e o interesse de uma audiência – qualquer que seja o assunto – exige um formato dinâmico, e é nisso que você precisa pensar agora.

O que posso fazer para despertar a atenção de quem está assistindo? Dar dinâmica – ou seja, ritmo.

Pense numa festa com um DJ ruim. Você já foi numa e achou um saco. É a mesma coisa. Você precisa ter pensamento de DJ – aliás, pode estudar o tema, é uma maravilha! Numa festa de aniversário, por exemplo, tem o momento da entrada do bolo e a emoção do aniversariante entregando o primeiro pedaço para a esposa. O que você quer que as pessoas sintam nessa hora? Qual é o ritmo ideal? Se for um casal bem jovem, pode ser uma explosão eletrônica; se for um aniversário de oitenta anos, talvez uma música mais inspiradora. Em que momento você quer que todos pulem loucamente na pista, apelando para a Banda Eva?

Agora pense num romance. Ou num bom filme. No começo, somos apresentados às personagens para, em seguida, sermos introduzidos ao conflito da trama. A partir de então, viveremos junto com as personagens cenas de tensão, alívio, momentos mais cômicos, nos quais a história fica menos intensa; em seguida, mais momentos de apreensão, em que sofremos, sentimos raiva, compaixão, torcemos pelo nosso protagonista.

Até o momento de tensão máxima – conhecido como clímax –, que nos traz a grande reflexão da história, e que é sucedido pelo desfecho, quando conhecemos o destino da nossa personagem principal.

Assim como uma festa, um filme ou um livro de ficção, uma apresentação também deve contar uma boa história! Nela, você ou os seus clientes podem ser as personagens principais.

E você tem nas mãos diversos recursos para gerar no público sensações de identificação, curiosidade, revolta, quebra de expectativa, desejo, vontade de mudança. O importante é pensar nessa dinâmica de emoções que irá provocar na sua audiência de forma intencional e propositiva, isto é: você deve saber exatamente que tipo de emoção deseja provocar e em que momento. E essa curva de emoções deve ser condizente com a ação que você quer que as pessoas tenham ao final da sua apresentação.

Existem hoje especialistas em design de sensações e de experiências. Eu trabalho muito com isso. Essencialmente, me coloco no lugar da audiência e busco criar um Mapa de Sentimentos que serão induzidos ao longo da apresentação.

A principal dica é evitar o excesso de "tempos mortos". Mesmo a pausa e o silêncio precisam ter significado no seu mapa. Mudança de ritmo é essencial, é o que puxa o foco das pessoas novamente para você e para o que está falando. E isso pode ser feito de diversas formas, que vão além do tom de voz ou do movimento corporal. Em síntese, você pode mudar o conteúdo, o formato ou a performance. Este livro todo é sobre isso.

Ao longo do percurso, vou lhe mostrar alguns conceitos e maneiras de deixar sua apresentação mais dinâmica. Um deles é a teoria da autodeterminação. Ela é especialmente eficiente para montarmos experiências on-line, em que conduzir a audiência tem suas especificidades: existe a distância entre as pessoas – cada uma está num canto – e a organização é mais formal – um fala, depois o outro, depois um terceiro, levantamos a mão virtual para fazer uma pergunta –, bem diferente do ambiente presencial, onde as pessoas se conectam umas com as outras de forma mais orgânica. O último capítulo é todo sobre apresentações on-line, então se for essa a sua questão, corra para lá!

Agora, voltando à teoria, ela nos diz que uma pessoa se mantém determinada ao aprendizado quando encontra três coisas:

1. **Autonomia:** possibilidade de fazer escolhas
2. **Competência:** o conteúdo em si, conhecimentos novos, atualizações
3. **Conexão:** relacionamentos, integração

Busque oferecer essas três dinâmicas na sua condução de fala ou apresentação. Geralmente acreditamos que precisamos apenas oferecer informações com qualidade para as pessoas e que isso é o suficiente para que queiram nos ouvir, mas elas também desejam fazer escolhas e se relacionar, então ofereça isso. Uma forma é interagir e mostrar vulnerabilidade. Vou dar um exemplo: o diretor de uma ONG na qual sou voluntária teve um compromisso urgente fora de São Paulo e me pediu para representá-lo numa reunião da ONU. O objetivo era apresentar a organização em detalhes para estreitar relações. Eu tinha 35 minutos, uma apresentação de oito slides e a companhia de um dos refugiados sírios apoiados pela ONG, que daria um depoimento e seria o responsável pelo *coffee break*. Era uma reunião do Pacto Global, e estávamos no meio da programação com outras organizações que também falariam sobre o seu trabalho. Não me pareceu adequado investir aquele tempo explicando para pessoas da ONU como funciona uma ONG.

Por mais maravilhosa que a ONG seja, o que eu precisava ali era mostrar a paixão com que fazemos o nosso trabalho e por que impactamos realmente a vida de muitas pessoas. Precisava traduzir o intraduzível, despertando interesse genuíno num ambiente bastante formal, com aquelas mesas grandes numa sala com bandeiras e tudo. E havia expectativas muito explícitas: PowerPoint e alguns minutos de fala.

Em vez de começar com competência, contando algo sobre a ONG, comecei com autonomia e conexão, fazendo perguntas aos participantes e gerando uma conversa significativa e profunda sobre aprendizado, sobre nossas lembranças de professores inesquecíveis e matérias que adorávamos. Afinal, a ONG se propõe a inserir os refugiados na sociedade brasileira como professores. Investi apenas cinco minutos nos slides e quinze para criar um relacionamento entre os presentes por meio de lembranças felizes de aprendizado e afeto com as pessoas que nos ensinam algo. O restante foi uma conversa com o participante do projeto sobre a experiência de virar professor aqui após largar seus negócios em Damasco. Algo para além da apresentação pode ajudar a transformá-la numa experiência, e o fato de ele servir o *coffee break* estendeu a mensagem e comprovou o que foi dito, além de trazer curiosidades sobre uma culinária nova para muitos participantes. Tudo isso constrói memória e adiciona camadas de complexidade à experiência.

CRIATIVIDADE

É sempre bom ser criativo no formato de suas apresentações. É um pouco difícil avaliar isso, eu sei. Mas o treino, a resiliência e a colaboração estão aí para nos ajudar. Tenha ousadia nas escolhas. Ao montar uma apresentação, pergunte-se: O que eu acharia se estivesse assistindo? Como eu consumo conteúdo? O que eu normalmente assisto? O que considero que tem ritmo? Entre os vários tipos de filmes que existem, qual o meu preferido? Que podcasts gosto de escutar?

As pessoas tendem a fazer aquilo que acham que **têm de fazer**, e não aquilo de que gostam de assistir. Quando vê um vídeo, você não pula as partes chatas? Isso prejudica o seu entendimento do vídeo? Não! Então, por quê, numa apresentação, vai colocar as partes que sabe que são chatas, se não é assim que você consome esse conteúdo?

Faça a apresentação que você gostaria de assistir, e não aquela que acha que deve fazer – tem diferença!

A criatividade está relacionada ao inesperado, e o inesperado varia sempre de acordo com o contexto. Num congresso de medicina, colocar uma música na apresentação pode ser algo criativo e ousado; já num TEDx, não.

Compreenda o contexto na maior amplitude possível para pensar em formas de surpreender. Às vezes, seu argumento não é inovador, mas falar dele em determinado contexto é inesperado.

Tenho muitos clientes do mercado financeiro. Numa grande convenção, se alguém de um banco for falar, o que se espera que essa pessoa fale? Geralmente, que ela "venda" o banco, que fale de um produto novo ou até mesmo ofereça alguma condição especial para a audiência. Se você sabe que é isso que as pessoas esperam, só o fato de não falar nenhuma dessas coisas já é um diferencial.

Em determinado momento, todo mundo também espera a presença da CEO, mas e se uma outra pessoa apresentar a cultura da instituição? Uma estagiária, por exemplo. Isso é inovar mostrando os valores da empresa de uma forma diferente, passando o lugar de fala para outra pessoa. O conteúdo da fala até pode ser o mesmo, mas inova-se no formato mudando o porta-voz. As opções de inovação são infinitas quando se conhece o contexto.

Faça uma pesquisa de mercado, ou *benchmark*. Analise como você pode apresentar o material de forma inesperada e pense: quanto estou disposto a me arriscar?

Às vezes, a pessoa acha que está se arriscando, mas sabe exatamente o resultado daquilo. Se você sabe o que vai acontecer, não é um risco real. O bacana do risco é fazer algo sem certeza absoluta do resultado, do contrário é só a reprodução de algo que você já conhece. Como já disseram: "Seus sonhos estão esperando você do outro lado do medo".

Os bons atores sempre buscam desafios justamente para não se repetir. Buscam fazer algo de uma forma diferente para manter a vibração da novidade. Subir no palco e fazer aquele discurso institucional que você sempre faz – e que as pessoas já estão cansadas de ouvir – dificilmente vai engajar quem está assistindo. É preciso frescor e novidade. Tem uma história que eu adoro envolvendo o grande ator brasileiro Raul Cortez. (Se é verdadeira, eu não sei, mas é boa!) Em determinada cena de uma peça de teatro, ele precisava entregar sorrateiramente um bilhete a uma atriz, que ficava chocada ao ler a mensagem e escondia o bilhete rapidamente. Segundo a atriz, ele sempre entregava algo diferente no lugar do bilhete – chegou a entregar uma empadinha – sim, dessas de comer! –, e até uma barata de borracha –, e ela precisava lidar com essa expectativa todo dia, além de não cair na gargalhada e manter a tensão que a cena exigia.

Já usei essa tática num espetáculo e me diverti muito. O teatro e os eventos ao vivo são extraordinários para nos ensinar a "fazer acontecer" haja o que houver. Às vezes, um objeto de cena não está onde deveria, alguém tem uma diarreia e não entra no momento combinado, a transmissão do evento cai e quatro mil pessoas ficam no vácuo enquanto setenta pessoas da equipe se articulam para reorganizar prioridades... Uma loucura! Como diretora artística de eventos corporativos, já vivi de um tudo com as equipes.

A audiência costuma reagir de forma empática aos riscos. Ela percebe o seu nervosismo, a sua ansiedade, entende que aquilo é algo novo e fica predisposta ao engajamento. Portanto, a melhor escolha costuma ser: "Eu não sei se vai dar certo, mas vou fazer".

COMO CHAMAR A ATENÇÃO?

Imagine que você quer assistir a um vídeo no YouTube. Antes do vídeo tem aquela publicidade. O que todo mundo faz? Pula essa parte. Você só *não* pula em três ocasiões. Vamos ver se eu consigo adivinhar:

> **Se for uma propaganda do seu negócio, para saber o que vocês estão fazendo.**
>
> **Se for uma propaganda do concorrente da sua empresa, para saber o que eles estão fazendo.**
>
> **Se nos três segundos iniciais da propaganda uma voz disser: "Babás eletrônicas fazem mal para o seu bebê?", e naquele momento você está justamente à procura de uma babá eletrônica, porque tem um bebê recém-nascido em casa.**

Ou seja, você só se interessa por um conteúdo que é sobre você – quando sente que aquilo lhe diz respeito de alguma forma. Como apresentador, é preciso traduzir aquilo que você quer para a necessidade das pessoas. Elas só vão prestar atenção se for sobre elas mesmas, elas estão preocupadas com suas próprias vidas e problemas. Como eu e você, nisso somos idênticos.

RECURSOS VISUAIS

A plateia não está só ouvindo, ela está vendo também. E esse é um estímulo que deve ser trabalhado. Há inúmeros recursos para isso. O principal deles você já conhece: o famoso PowerPoint.

NÃÃÃÃÃÃOOOOOO!

O principal recurso é *você!*

Seu jeito de andar, sua postura, sua roupa, a armação dos seus óculos, seu cabelo, seu calçado, o filtro que escolheu na rede social (se estiver fazendo uma apresentação on-line). *Tudo* vai comunicar. Mas trataremos dessa parte no próximo capítulo, sobre performance.

O ponto que quero ressaltar aqui é: o roteiro é essencial, os slides, não. Inclusive, hoje já existem empresas que pedem para seus funcionários não usarem slides. Primeiro, porque se gasta muito tempo montando apresentações que nem sempre são utilizadas. E segundo, porque as apresentações ficam mais diretas, deixando a audiência mais focada.

Treine para fazer as coisas sem PowerPoint ou Keynote. Mas isso não quer dizer que você não precise ter anotações.

Para evitar uma disputa pela atenção da sua plateia, use celulares e aplicativos a seu favor. Em muitas palestras que dou, à medida que vou passando determinada informação, um link é enviado para o WhatsApp do público com dados ou aprofundamento daquele tópico.

As pessoas, inclusive eu, adoram uma segunda tela. Aproveite!

Além disso, há vários recursos e ferramentas digitais de colaboração que você pode usar durante a sua apresentação para fazer, por exemplo, uma enquete, uma nuvem de palavras, um quadro de compartilhamento de ideias ou um texto colaborativo.

E existem possibilidades off-line também, mesmo que a sua apresentação seja remota. Você pode pedir que as pessoas escrevam ou desenhem algo e compartilhem entre si, que tirem uma foto de um objeto ou de si mesmas para construírem alguma coisa, pode fazer com que interajam com itens da casa delas e com objetos próximos, entre outras coisas. Isso traz uma dimensão física e interativa que captura a atenção e enriquece a experiência. Há alguns anos, fiz uma ação em homenagem ao Dia das Mães. Eu entrei pelo Zoom em reunião com várias mães e propus que elas respondessem a perguntas em pedaços de papel. Ao final, todas mostravam o que haviam escrito ao mesmo tempo. Foi superdivertido e interativo e gerou um resultado emocionante.

Essa junção de algo on-line com off-line funciona muito, mas o mais importante é o desenho das emoções.

Nesse caso, as perguntas começavam descontraídas e engraçadas, seguiam para um ápice dramático, quando as participantes falavam dos seus filhos, e, ao final, se tornavam mais emocionais com elas mandando recados para as suas mães.

A ideia do vídeo era descobrir: "Mãe é tudo igual?". Para o formato, escolhemos fazer entrevistas com várias mães em duas ocasiões, e entre as perguntas elas contavam um pouco de suas experiências com a maternidade. O título dado ao vídeo foi: "Enfrentar o mundo com flores", frase que saiu do relato de uma das entrevistadas, que nos contou sobre a sua mãe, que fugiu da guerra e dizia que deveríamos "enfrentar o mundo com muitas flores, e não com guerra".

Cartazes e outros recursos analógicos no palco também chamam bastante atenção e podem tornar o momento inesquecível para a audiência. Tem um TED em que os participantes, em vez de mostrar slides, mostram cartazes com imagens como se fosse um slide impresso, e ficou ótimo. Eu já copiei essa estratégia numa apresentação para o World Creative Day, em 2023, chamada "Vem, meteoro: quando tudo parece ir mal, temos algo para fazer juntos!".

[MÃOS À OBRA]

Agora que entendemos as principais partes e elementos que estruturam uma apresentação, vamos exercitar estratégias narrativas – ou cartas para você ter na manga!

Histórias de empreendedorismo já cansaram, mas não precisa ser assim. Você pode alcançar o seu objetivo contando histórias de formas diferentes.

Digamos que o conteúdo da sua apresentação seja ensinar que, quando não olhamos para baixo, podemos tropeçar e cair. Veja as diferentes estratégias para compartilhar essa informação:

"Segundo pesquisas em diversos países, quando os seres humanos não olham para o chão ao caminharem, podem tropeçar e cair. Essa atenção é necessária nos cuidados primários à saúde."

"Uma coisa importante que eu tenho para falar com vocês: se não olharem para baixo quando estiverem caminhando, vocês podem, sim, tropeçar e cair."

"Alguém aqui já caiu na rua, escorregou ou caiu de bunda no chão? Pois é, já aconteceu com todo mundo pelo menos uma vez, né? Uma das coisas que podemos fazer para evitar isso é olhar para baixo enquanto caminhamos."

"Hoje eu estava vindo para cá e tomei um tombo daqueles. Sabe quando você fica morrendo de vergonha? Está doendo muito, mas a dor é menor do que a vergonha, juro. Porque eu me levantei com aquela cara de perdida, desejando ser invisível e fingindo que nada aconteceu, sabe? Pois é, o que eu percebi é que não olhei para baixo."

"Esses dias eu recebi uma ligação de uma amiga. Coitada, ela me contou que tomou um tombo do nada, bem na frente do Méqui da avenida Paulista. Havia uma fila enorme, estava cheio de gente ali, e ela vinha caminhando e se desequilibrou, nem sabe como. Segundo essa amiga, a sensação foi de um tombo em câmera lenta, o corpo começou a despencar, os pés flutuaram, foi aos pouquinhos, até dar com a cara no chão. Nem a mão ela conseguiu usar para se proteger. Ela não sabia se chorava, se se levantava ou se se fingia de morta... E só tem uma coisa que poderia ter evitado isso: olhar para o chão enquanto caminhava."

"Estava caminhando sozinha na rua um dia e ouvi um 'Ai!'. Olho em volta e não percebo de onde vem o som. De repente, ouço de novo: 'Você não me ama mais!'. Aí eu percebi que era o meu joelho falando comigo. 'Como assim?', respondi. 'Olha como você me trata, estou aqui todo ralado e dolorido!', disse ele. Tive que reconhecer que realmente tenho sido um pouco relapsa nessa relação. 'Será que não dá para olhar para baixo enquanto caminha?'"

"Imagine um mundo no qual ninguém cai no chão. Todos temos um equilíbrio perfeito e, mesmo que a gente escorregue, consegue se levantar a tempo de não cair. Um mundo em que joelhos e bumbuns são felizes e em que temos muito menos hematomas do que hoje. Pois é, esse mundo está ao nosso alcance."

"Se quiser chamar muita atenção para si, cair no chão pode ser uma boa opção. Quanto mais escandalosa a sua queda, melhor. Se você quebrar alguma coisa, então, perfeito! Com sangue fica melhor ainda. Você vai conseguir não apenas chamar atenção como também apavorar quem tem medo de sangue. Pode até atrapalhar o trânsito, inclusive. É só não olhar para baixo que a desgraça está garantida!"

Moral da história: existem inúmeras formas de passarmos um mesmo conteúdo. Provavelmente você se conectou mais com algumas narrativas do que com outras. Ou, pelo menos, leu com mais atenção.

As páginas a seguir são para ajudar você a prender a atenção e o interesse do seu público, além de estimular a dinâmica da sua fala. São estratégias narrativas que funcionam como cartas na manga. Você pode utilizá-las para transformar a sua apresentação em algo mais convidativo e interessante para quem está assistindo.

No fim do dia, o que queremos é que a nossa fala seja lembrada!

Não precisa escolher uma estratégia e focar apenas nela. Uma mesma apresentação pode usar vários desses recursos. Experimente misturá-los para um efeito melhor. Comece com uma estratégia, treine, eleve o nível de complexidade e aumente o seu repertório. Mais uma vez: quem treina, joga. E lembre-se de que o objetivo mais importante para você ao selecionar e usar essas estratégias deve ser: o que você quer que a pessoa diga sobre a sua apresentação?

A execução dessas estratégias não envolve só o formato, mas também o conteúdo e a performance do apresentador. Vou colocar todas neste capítulo por uma questão de didática. Sempre que você tiver uma apresentação, pode sortear uma ou mais estratégias para aplicar nela. Primeiro, vou apresentar um resumo de todas elas para depois aprofundarmos cada uma!

Não enrole 133

1. Perguntas norteadoras
Estruture a sua apresentação com perguntas-chave. Não precisa responder, apenas atualizar potenciais dúvidas da audiência.

2. Problema e solução
Exponha um problema e, ao longo do discurso ou ao final, traga uma resposta.

3. *Case* de sucesso
Use uma situação real para ilustrar o tema. Pode ser uma história pessoal. Use sem moderação!

4. Personagem
Um sujeito conduz a conversa: você, outra pessoa, a empresa, até mesmo um objeto. Personagens não precisam ser pessoas.

5. *Storytelling*
Estamos sempre contando uma história. Era uma vez.../Até que um dia.../E então...

6. História pessoal
Conte algo que aconteceu com você e que reforce a sua mensagem ou a importância dela.

7. Erro

Jogue com erros comuns que sua audiência provavelmente já cometeu e/ou comete na experiência dela. Por incrível que pareça, nosso medo de errar nos faz focar em possíveis equívocos.

8. Provocação

Jogue para a plateia uma pergunta ou ideia que a desafie. Lembre-se de não anunciar este ou qualquer outro efeito desejado.

9. Dinamismo e interação

Use a plateia a seu favor, interagindo com ela. Faça perguntas, proponha exercícios mentais, atribua personagens, faça a audiência participar ativamente.

10. Lista

Enumere ou topicalize os assuntos ou mesmo toda a fala.

11. Metáfora e analogia

Utilize uma história de outro contexto para exemplificar e simplificar uma ideia ou conceito.

12. Bordão

Palavra ou expressão repetida algumas vezes. "Ô, coitado!" ou "Eu tenho um sonho".

13. Referências conhecidas

Aproveite marcas e referências emocionais que já são parte do repertório da sua audiência.

14. Sensações físicas

Faça alusão a sensações que todos lembram facilmente. Camiseta grudada de suor, vontade de fazer xixi, coceira... A pessoa pode não entender do seu assunto, mas sabe o que é correr e perder um ônibus, por exemplo.

15. Situações emocionais

Faça alusão a situações que deixam marcas emocionais: tomar um pé na bunda, descobrir que vai ter um filho, mandar foto para a pessoa errada... Emoções a que todos se conectam facilmente.

Não enrole 135

16. Cenários
Conduza a audiência por um cenário imaginado. Se ela o conhece, melhor ainda.

17. "E se…"
Mostre como será o mundo quando o que você propõe tiver acontecido.

18. Didática visual
Construa uma imagem ou cena que ajude a compreensão da audiência através do seu movimento corporal, seu posicionamento no espaço ou uso de objetos e mobiliário disponíveis no local.

19. Voz interna
Revele o que você está ou estava pensando em relação aos dados e fatos que descreve.

20. Opinião
A gente adora uma opinião e uma fofoca – aproveita!

21. Pista
Cite algo e retome depois. Deixe o público tirar conclusões e até saber mais do que você.

22. O Pinky e o Cérebro
Alterne a dinâmica exigente × colaborativo, mandão × servil, sabe-tudo × vulnerável.

23. Pontos de vista
Experimente falar a mesma coisa na perspectiva de outra pessoa ou coisa envolvida no assunto.

24. Diálogos
Reproduza conversas.

25. Gamificação

Traga a lógica do jogo para a sua apresentação e faça a audiência jogar com ou contra você.

26. Artes

Música, dança, artes visuais, poesia, tecnologia – integre outras disciplinas à sua apresentação.

27. Empatia e frases empáticas

Aumente seu carisma demonstrando preocupação com a audiência.

28. Segredo

O ápice da vulnerabilidade; é meio batido, mas sempre funciona.

29. Parcerias

Traga um convidado para interagir com você durante a apresentação.

30. O espírito do tempo

Zeitgeist é o conjunto do que está acontecendo na cultura do mundo. Não é uma estratégia narrativa, e, sim, um ponto fundamental que você precisa considerar. Apenas levando em conta as vidas comuns e suas transformações, sua apresentação terá relevância.

1. Perguntas norteadoras

É quando você estrutura a apresentação com perguntas-chave que vai respondendo ou problematizando ao longo da fala. Já vimos aqui que transformar frases em perguntas é um ótimo recurso na comunicação. Atualizar as dúvidas é tão interessante quanto respondê-las. Aponta a posição em que nos encontramos no caminho para entendê-las e respondê-las, além de mostrar os desafios enfrentados por você na solução daquelas perguntas.

Mas não é a pergunta pela pergunta. Não metralhe o seu público com demandas reflexivas que ele não pediu. Isso pode frustrar as pessoas, já que elas provavelmente estão assistindo à sua fala porque acharam que teriam algumas respostas.

É importante que a sua audiência saia com questões, mas é mais importante ainda que ela saia com algumas respostas – ou ao menos com ferramentas que a ajudem a encontrar soluções.

> Dica de exercício:
>
> Pegue uma apresentação qualquer, que você já fez ou fará, e liste de três a cinco perguntas a que está respondendo ou tentando responder ali. Essa é uma boa quantidade de perguntas numa apresentação e elas servem como guia para organizar

> a sua fala. As perguntas podem estar explícitas ou não para a audiência, mas vão ajudá-lo a pensar o recorte do seu conteúdo.

2. Problema e solução

Trata-se de expor um problema e, ao longo do discurso ou ao final, trazer uma resposta. Essa estratégia dá um caráter de verossimilhança à sua comunicação. Traz a mensagem para um plano mais tangível e de possibilidades reais, sobretudo se for um problema comum à maioria das pessoas, ou facilmente reconhecível.

Também é uma forma de demonstrar como o seu conteúdo pode ser aplicado a situações práticas e próximas. Assim ele sai de um plano apenas especulativo ou teórico.

Na verdade, não há uma apresentação que não fale de um problema e de uma solução; todas giram em torno dessa questão. O que essa estratégia narrativa propõe é deixar isso explícito.

Um bom exemplo de uso dessa estratégia são as apresentações de startups. Principalmente aquele tipo de apresentação que chamamos de *pitch*, na qual você defende a ideia do seu negócio, ao mesmo tempo que busca despertar o interesse e convencer o público a comprar o seu projeto. Os *pitches* para investidores das startups envolvem enunciar algum problema – da sociedade ou dos usuários daquele serviço – e a solução para ele: "Essa é a minha proposta de resolver esse problema".

Os *pitches* de negócios mais comuns são: o *tweet* de trinta segundos, que leva apenas a ideia central e busca gerar curiosidade sobre ela, e o *elevator* de um a três minutos, que gera curiosidade, apresenta a ideia do negócio e termina com uma chamada para a ação. Ele é bem famoso e leva esse nome porque consiste numa fala organizada para apresentar sua empresa ou ideia para alguém que você encontra casual ou intencionalmente num elevador. Sua fala precisa ser curta e potente para que essa pessoa se interesse em investir no seu negócio. Se o *elevator* der certo, vem o *deck*, onde você terá de cinco a quinze minutos para falar sobre passos futuros, equipe e mostrar análises de mercado. Temos também a *lauda*, que você envia por e-mail depois dessa reunião para consolidar os pontos principais.

Tem muito material na internet sobre isso, e em realities shows como *Shark Thank* e *Ideias à Venda* você pode conferir startups buscando investimento. Mesmo que tragam um pouco de ficção, são bacanas para nos inspirar.

3. Case de sucesso

É o mesmo que dar um exemplo, usando uma situação para ilustrar o tema em questão ou provar algo. Parece óbvio, né? Mas nem sempre se usa essa estratégia, acredite. Tenha sempre um *case* à mão.

Na maioria das vezes, as pessoas se lembrarão mais do *case* que você trouxe do que de toda a sua argumentação. O *case* ilustra, dá vida ao argumento e ajuda a trazê-lo para uma realidade palpável. Lembrando que ele precisa sempre ser real, não se inventa um *case*. Escolha exemplos que sejam próximos e comuns para a sua audiência, com os quais ela vai se identificar rapidamente. Use sem moderação!

Eu carrego uma mala de *cases* na minha mente que chamo de "Mala de Histórias". Recomendo que você crie a sua.

Para cada tipo de cliente e de produto que ofereço consigo ilustrar a solução ao menos de três formas diferentes.

Posso falar de um executivo que mudou de cargo e precisa aprimorar a comunicação para falar para mais pessoas e em fóruns estratégicos; ou de uma jovem que está buscando entrar no mercado de trabalho e quer ir bem na entrevista; ou da presidente de empresa que foi chamada para falar num evento significativo de sua área. Sempre tenho casos mais peculiares que vão marcar a audiência, como uma freira que se tornou diretora na escola católica onde leciona e me contratou para aperfeiçoar sua comunicação com pais e políticos da pequena cidade onde o colégio é um marco, ou o presidente de uma empresa financeira que estava num congresso na Suíça e conseguiu cinco minutos para apresentar seu negócio.

O *case* precisa ter endereço e telefone, digamos assim. Mesmo que eu não possa ou queira expor esses clientes aqui, eles existem e podem confirmar essas histórias. Você precisa ser capaz de falar delas no detalhe do detalhe.

4. Personagem

Quando o apresentador faz uso da figura de uma personagem – real ou fictícia – para conduzir a conversa ou apresentar um conteúdo. Ao trazer personagens para a sua fala, você pode usar a si mesmo, uma outra pessoa, uma empresa, objetos etc.

Uma boa personagem tem sempre um conflito. Por exemplo: sou convidado para trabalhar fora do país, mas quero muito ficar próximo da minha família. Conflitos geram identificação, todos nós passamos por dilemas o tempo todo.

Além disso, já deu para perceber que as pessoas amam histórias, né? Histórias tornam os conceitos mais palpáveis e vivos.

Um cliente meu começou uma apresentação sobre o futuro do trabalho contando que foi levar a filha de três anos ao pediatra e que lá o médico disse que a geração dela vai viver até os 160 anos. Ele usou essa história como ponto de partida para compartilhar questionamentos com a audiência: "Será que a minha filha vai trabalhar na mesma empresa durante 140 anos? Será que ela vai querer estar casada com a mesma pessoa?". E depois fazia as reflexões. Usando a si próprio, a filha e o pediatra como personagens.

Imagine contar uma história em que o mercado financeiro seja uma personagem para pensar o tema de futuro do trabalho? Ou contar a história da economia pelo ponto de vista de uma caneta? Ouse na criatividade. Perceba-se como uma personagem. As pessoas não conhecem você, então seja o que quiser!

5. Storytelling

Muito já foi dito sobre *storytelling*, e tem bastante material que você pode pesquisar por aí, mas basicamente é: contar uma história. Nada mais do que isso. É contar o seu *case* como uma história, com começo, desenrolar da trama, ápice e fechamento.

A estrutura clássica do *storytelling* é esta:

I. "Era uma vez..."
II. "Até que um dia..."
III. "E então..."

Se traduzirmos essa mesma estrutura clássica em termos de roteiro, fica assim:

I. Apresentação de personagens e exposição do conflito
O mundo comum da personagem.

II. Desafios e desenrolar do conflito
O que acontece no mundo da personagem protagonista que a tira do seu mundo comum.

III. Clímax e resolução do conflito
Transformação do mundo e/ou da personagem.

Essa fórmula clássica ficou meio batida em apresentações, principalmente nas narrativas de sucesso de empreendedorismo. Então, procure modificá-la ou torná-la mais interessante. A atenção aqui é:

> **A sua personagem precisa de um bom conflito.**
>
> **O acontecimento "disruptor" precisa ser realmente interessante para chamar atenção para o que vai acontecer.**
>
> **Incremente a sua história criando outras fontes de conflitos, ou acrescentando inimigos e aliados.**

Uma das estruturas mais conhecidas do *storytelling* – e você provavelmente já ouviu falar dela – é a "jornada do herói". A jornada do herói foi descrita pela primeira vez pelo mitologista Joseph Campbell no livro *O herói de mil faces*. Campbell analisou literalmente milhares de mitos de diferentes sociedades e percebeu que havia neles uma estrutura comum, que ele descreveu e resumiu nas seguintes etapas:

1. O mundo comum do protagonista é apresentado (era uma vez...)
2. O chamado para a aventura (até que...)
3. A negação do chamado (mas o herói resiste...)
4. O encontro com o mentor (ele não estava sozinho...)
5. A primeira barreira (coragem)
6. O teste dos poderes, aliados e inimigos (equipe)
7. O aproximar da caverna profunda (mas aí...)
8. A superação da primeira barreira (esperança)
9. O grande desafio e o tesouro (até que finalmente...)
10. A jornada de volta (superação...)
11. A ressurreição (tudo mudou)
12. O retorno com o elixir (dali em diante...)

Em algumas aulas, eu coloco essa estrutura numa ficha que pode ajudar a montar a sua história:

Ficha de storytelling

Era uma vez	Até que um dia	E então...
• Mundo comum	• Evento • Forças a favor • Forças contrárias	• Vitória • Transformação

A seguir, incluí um exemplo para ajudar você a preencher a ficha:

Era uma vez
Mundo comum: Juliana está estudando para o vestibular em casa

Até que um dia
Evento: Juliana não passou no vestibular
Forças a favor: amigos consolam, ela sabe falar inglês, consegue um trabalho por indicação
Forças contrárias: família decepcionada, terá que parar de estudar para trabalhar, poucos recursos

E então...
Vitória: Juliana consegue um trabalho que permitirá que ela continue estudando
Transformação: ela percebeu que precisa persistir e pedir ajuda

Nem sempre você encontrará todos esses elementos na sua história e tudo bem, o bacana é tentar identificar alguns deles e escolher o que quer enfatizar.

É importante também ressaltar que, embora a estrutura tenha o nome de "jornada do herói", Campbell está falando de arquétipos, e arquétipos não têm cara nem gênero. Portanto, seu herói pode ser uma heroína e ter a aparência que você desejar. Algumas pessoas já questionaram essa estrutura: a escritora Maureen Murdock estruturou a "jornada da heroína", que abrange outras perspectivas, mais realistas e conectadas com o espírito do nosso tempo. Afinal, segundo ela, "Independentemente do sucesso que a heroína obtiver, ela continuará lidando com o fato de que o mundo externo é hostil a suas escolhas".

No Brasil, temos o bom e velho "causo", que faz parte da nossa cultura. Cada região do país tem seus contadores de causos famosos, e acredito que é a razão de sermos tão bons nisso. Nessa tradição oral, herdada de povos originários e negros, o contador trabalha com entonação e ritmo, muitas vezes o sotaque regional é enfatizado e o objetivo dele é que a gente ria, se assuste – com direito a medo de assombração e tudo – ou fique surpreso. Nosso *storytelling* é o causo.

6. História pessoal

Se você tem boas histórias, experiências de vida que se relacionam com o conteúdo em questão, e não sente medo ou vergonha de expô-las, por que não as utilizar como estratégia?

Em vez de criar ou ficcionalizar uma narrativa para efeitos de convencimento, você também pode utilizar o recurso do "isso já/também aconteceu comigo".

As histórias pessoais são uma forma de ilustrar ou de apresentar determinado conteúdo. Durante este livro, por exemplo, contei para você várias histórias pessoais como estratégia narrativa, para que você pudesse se identificar com as minhas experiências. As histórias pessoais até podem soar como "carteirada" às vezes, então tenha delicadeza nessa hora para não soar arrogante. Seu objetivo é criar empatia e identificação com a plateia. Você também pode aproveitar para mostrar sua experiência em determinada área.

7. Erro

Você também pode usar o que não deu certo ou o que não fazer para atingir determinado objetivo.

> "Cinco passos para a falência da sua empresa".
> "Formas de espantar o seu cliente".
> "As piores decisões já tomadas".

Você preferiria ler o livro *Almanaque de comunicação pessoal* ou *O que nunca fazer numa apresentação em público*? (Sabia que deveria ter pensado melhor no título deste livro...)

Essa é uma estratégia que funciona muito bem porque as pessoas tendem a se conectar com o negativo mais do que com o positivo. Se você tem uma rede social ativa, já deve ter passado pela experiência de fazer uma postagem em que foi criticado, ou xingado por algum hater. E, não importa se você recebeu dezenas de outros comentários positivos. Tenho certeza de que o que mais mobilizou você foi aquela única mensagem de teor negativo!

Mais do que saber o que precisam fazer, as pessoas querem saber o que *não* fazer.

Isso acontece porque vivemos numa cultura que valoriza muito o erro. Se você tem mais de 25 anos, deve lembrar que nas provas na escola o que vinha destacado – em vermelho! – era o que estava errado. Nem se olhavam os acertos, só os erros.

Então, essa é uma estratégia narrativa que se aproveita positivamente dessa nossa característica. Além de chamar mais atenção, tem um tom de humor involuntário e irônico que é muito bem-vindo.

O erro conecta mais do que o acerto.

Quando você se mostra vulnerável perante a plateia, a conexão com ela é mais rápida. Ficar falando muito bem de si não causa a empatia que você deseja. Afasta as pessoas. É no erro que elas se identificam mais.

É claro que você não vai dizer nada que afete a sua reputação, mas tudo bem falar sobre um problema, que não está dando conta de algo, de um erro cometido no passado e que lhe ensinou uma lição. Enfim, algo que conecte as pessoas a você por meio das dificuldades que todos temos no dia a dia.

8. Provocação

É quando você joga para a plateia uma pergunta ou ideia que a desafie. Todos nós gostamos de ser desafiados. Aumenta o interesse e desperta o desejo de procurar mais informações sobre aquilo que está nos provocando.

"É possível renda básica universal para todos os habitantes do planeta?"

"É possível fazer uma maquiagem de noiva em vinte minutos?"

Precisa ser uma coisa de cuja possibilidade as pessoas duvidem, fazendo-as se questionar sobre a sua provocação. Essa estratégia pode ser usada em qualquer momento ao longo da apresentação, ou ainda como efeito de introdução ou conclusão.

A provocação precisa ser um desafio real. Mesmo para você. Não é uma provocação se você já sabe a resposta. Nesse caso, seria um "Problema e solução", que já vimos antes.

E lembre-se: nada de anunciar dizendo: "Vou deixar uma provocação aqui...". Isso seria como falar: "Agora vou emocionar você" ou "Agora vocês vão rir". Anunciar o efeito desejado não funciona. O mesmo também serve para expectativas. Evite criá-las. Frases como "vou mostrar uma inovação" já causam ansiedade. Será mesmo que é uma inovação para todos os presentes? Será que, em outro estado ou país, não existem iniciativas parecidas? Saia dessa com "Vou mostrar algo que considero uma inovação para o momento da nossa empresa". Assim, se não for para outras pessoas, em outras perspectivas, você ainda está falando uma verdade.

9. Dinamismo e interação

A estratégia aqui é "usar" a plateia a seu favor, fazer com que ela se sinta participante ao interagir com você.

Fazer perguntas é o recurso clássico. Sejam perguntas gerais, para todo o grupo, ou perguntas direcionadas – vale lembrar que, se você não combinar as respostas com alguém antes, precisa estar preparado para que as pessoas respondam algo diferente do esperado, sendo necessário improvisar.

Também é possível usar pessoas da plateia como exemplo ou personagens na sua fala – sempre de forma educada, é óbvio. Por exemplo: "Antes de abrir a minha primeira empresa, eu ficava sempre na dúvida e pedia conselhos para o meu pai. Ele era um cara grandão, que usava óculos, tinha barba [nessa hora, você descreve as características ou os gestos de alguém na plateia] e tinha uma expressão que me dizia o que era para fazer". Tanto a pessoa quanto a plateia já se divertem com essa dinâmica. Mais adiante na apresentação, você pode voltar com a mesma estratégia: "Fiquei em dúvida se fechava esse novo negócio ou não. Deixe-me ver o que o meu pai diria sobre isso" [olha para a pessoa da plateia escolhida como personagem e direciona a pergunta para ela].

Um cliente meu, que trabalha com imigração para uma ONG, foi apresentar um TED. Lá, ele pediu à plateia: "Levante a mão quem não nasceu em São Paulo". As pessoas obedeceram. Ele continuou: "Mantenham a mão levantada, e agora levante a mão também quem tem mãe ou pai que não nasceram em São Paulo". As pessoas obedeceram. Por último, ele pediu: "Por favor, levante a mão também aqueles que têm algum dos avós que não nasceu em São Paulo". Com três perguntas, ele provou que todo mundo ali era de alguma forma imigrante, e assim começou a apresentação.

A interação não serve para acordar as pessoas – se você precisa disso, provavelmente a sua apresentação está chata. A ideia é que a dinâmica esteja conectada ao conteúdo, de forma a provar algo.

Um outro colega perguntou numa apresentação: "Quem aqui já investiu em moeda virtual?". Poucas pessoas se manifestaram, mas, quando ele perguntou: "Quem aqui já cogitou a hipótese de investir em moeda virtual?", todos levantaram a mão. Essas perguntas revelaram que o ponto de atenção era como transmitir segurança nesse tipo de investimento, e foi nisso que ele focou o conteúdo.

Muitas vezes, antes de começar a falar eu faço perguntas para a audiência, de forma que as pessoas respondam entre elas ou em grupos. Só para que compartilhem alguma coisa sobre aquele assunto. Isso muda a energia da apresentação, mostra respeito e curiosidade pela experiência daquelas pessoas e cria uma interação entre elas.

Um lembrete: pense nas perguntas, mas não se esqueça de pensar nas alternativas de respostas, de acordo com o seu público.

Se você tem uma plateia de quinhentas pessoas e quiser perguntar, por exemplo, "Como vocês estão?", não vai conseguir ter a resposta de cada um, certo? Terá que criar alternativas como: "Levante a mão quem está bem", "Faça determinada coisa quem está mal", e por aí vai.

10. Lista

A lista nada mais é do que enumerar os assuntos ou transformá-los em tópicos. Você está no meio da explanação e quer explicar os fatores que condicionam determinado fato. Você pode enumerá-los e ir trabalhando um por um. "Fator 1 é isso; fator 2 é sobre isso; e fator 3 consiste nisso aqui."

Isso dá ao ouvinte a possibilidade de organizar a sua explicação na própria cabeça, anotá-la com mais cuidado e acompanhar mais atentamente a sua fala. Se você montou a apresentação e tem dois parágrafos de texto na sua fala, sem exemplos ou tópicos, só certezas e afirmações, dificilmente isso será marcante para a audiência. A estratégia da lista é um bom recurso para essas situações.

Além disso, as pessoas amam listas! Tudo pode ser transformado em tópicos. Para fazer isso numa parte da apresentação, você pode dizer: "Eu tive três dificuldades" ou "Foram quatro coisas que me chamaram a atenção nesse período". Mas também pode montar a apresentação inteira nesse formato: "As quatro formas de criar rendimento nas redes", "Os cinco pilares de venda" ou "Sete jeitos de espantar clientes chatos".

Incluir tópicos na apresentação torna mais fácil para a audiência acompanhar o que você está dizendo, organizar o conteúdo e se lembrar dele.

Mas é importante que você respeite os tópicos. Se enunciou que vai falar sobre três pontos, então fale sobre os três pontos. Não esqueça o último nem acrescente um quarto de surpresa.

11. Metáfora e analogia

Imagens ajudam a entender melhor certas coisas. A metáfora é uma figura de linguagem que facilita a nossa compreensão sobre fenômenos ou conceitos que, a princípio, podem ser muito complexos. Ela traz uma realidade diferente daquela que está sendo abordada na fala, mas que, por meio da comparação, nos ajuda a entendê-la. Sendo bem honesta, eu acho muito delicado usar metáfora, e é preciso cuidado.

Vejo muitas palestras motivacionais "forçando a barra" no uso da metáfora. O apresentador leva um atleta que subiu o monte Everest para dizer que a equipe precisa ter a mesma força e coragem daquele indivíduo. Acho pesado. Evite esse uso de recurso inspiracional forçado como link para ambientes corporativos. É algo que está caindo em desuso.

Por outro lado, metáforas e analogias podem ser ferramentas poderosas para traduzir conceitos complexos para o seu público, tornando-os mais simples e palatáveis.

Aliás, este é um ponto fundamental: metáforas e analogias devem ser didáticas e simplificar, e não complicar, o que você quer dizer.

Para desenvolver o método que você está vendo neste livro, por exemplo, me utilizei, lá no começo, de uma analogia entre a comunicação e a gastronomia, em que a batata é o conteúdo, a preparação (cozida, frita ou assada) é o formato e a forma de servir é a performance.

12. Bordão

É uma palavra ou expressão repetida estrategicamente algumas vezes. Lembra-se do "Ô, coitado!", frase de uma comediante da TV?

O bordão é muito usado na comédia – quem não se lembra das palavras ou frases sempre repetidas pelos diferentes personagens do Chico Anysio ou do Jô Soares? –, mas também funciona para além dela. Os exemplos são muitos e a publicidade está recheada deles. Aquelas frases que colam na cabeça e você imediatamente se lembra do produto ao ouvi-las.

Você usa o bordão para algo que gostaria que as pessoas lembrassem. E, quanto mais o repetir ao longo da apresentação – no mínimo duas ou três vezes –, mais ele ficará na memória da audiência. No final, ela associará o bordão a você.

Escolha bem a sua palavra, frase ou expressão e enfatize o seu bordão. Alguns palestrantes são conhecidos por isso. Um deles, o Dado Schneider, bem conhecido nos eventos corporativos, tem esse hábito em suas palestras. Numa delas, que lembro até hoje, ele repete, consternado, causando risada em todos os presentes: "O mundo mudou... bem na minha vez!". O bordão pode ser uma frase ou um gesto físico. O Dado também usa um gesto muito engraçado para explicar que muitas vezes ficamos perdidos diante das novidades que aparecem a cada dia: ele balança os braços como se estivesse boiando no mar, e, novamente, a gente cai na gargalhada porque nos identificamos com a sensação que ele descreve com o gesto.

13. Referências conhecidas

Quer uma boa dica de como conectar o seu conteúdo a algo acessível para a maioria do público? Use exemplos de coisas que todo mundo conhece. Aproveite marcas e referências emocionais que já são inesquecíveis. Músicas, filmes, propagandas e nomes que sejam do conhecimento da maioria sempre funcionam. Exemplo: "Sabem aquela música famosa com a letra que diz isso e isso? Então, eu me senti exatamente como aquele cara da música…".

Esse recurso faz com que a sua audiência associe você à música. As pessoas vão se lembrar de você quando escutarem a música ou pensarem nela. Então, escolha referências de forma estratégica.

Um exemplo negativo: uma cliente foi fazer uma apresentação e contou que o primeiro emprego dela foi no McDonald's. Ficou tão gravado na memória das pessoas que, no final, ela virou "a menina do McDonald's". Por mais que ela tenha contado outras coisas interessantes na apresentação, foi essa a informação que as pessoas retiveram, por ser muito inusitada. Não é problema nenhum ter trabalhado no

McDonald's, óbvio, mas para aquela plateia, naquele contexto, essa informação se sobressaiu a todo o resto do discurso.

Analise a sua audiência para saber quais seriam as referências que destacariam você da maneira que deseja. As pessoas tendem a gravar aquilo que é muito parecido ou muito diferente da experiência delas.

14. Sensações físicas

As sensações físicas são poderosas. Não tem como não nos relacionarmos com elas. É identificação imediata, algo que você pode sentir na própria pele.

Ao contar sua história, tente usar exemplos de coisas que todos já experimentaram no próprio corpo: coceira, arrepio, vontade de fazer xixi, não conseguir encontrar a chave do carro, correr quando começa a chover...

Certa vez, um cliente contou que precisou fazer uma reunião no interior do Amazonas. Ele nunca tinha ido àquela região e ficou com medo de pegar um teco--teco para chegar lá. Preferiu ir de carro. Só que o carro não tinha ar-condicionado, e ele estava todo arrumado, de camisa social, terno e gravata. Óbvio que em pouco tempo ele começou a suar, a camisa colou no corpo, e chegar ao local se tornou uma aventura. Essa história foi inesquecível porque, enquanto ele a contava, todos se lembravam das sensações de calor, umidade, suor

ATENÇÃO: você não precisa falar com tristeza ou raiva, mas descrever isso. Por exemplo: "Naquele momento, eu fiquei muito ansioso, queria sair correndo...".

16. Cenários

Este item é sobre criar uma situação num espaço com a qual o público possa se identificar e se relacionar, a despeito de quem for. Conduza a audiência por um cenário imaginado para que ela se sinta nele. Se ela já conhecer esse cenário, se já tiver uma identificação com ele, melhor ainda.

Ainda que sejamos diferentes, todos temos uma boa quantidade de cenas, situações e experiências em comum. Situações pelas quais todo mundo já passou nessa vida. Então, descreva as cenas e leve quem está ouvindo a imaginar o ambiente que você quer. É como se a plateia estivesse entrando numa sala de cinema 3D. É isso que você precisa fazer com a mente das pessoas.

É muito melhor quando você consegue fazer isso com a sua narrativa, e não com o PowerPoint. Aliás, um bom PowerPoint funciona desta forma: jogando a pessoa dentro de um lugar, de um cenário, que a leve até onde você precisa. Alguns exemplos:

"Eu entrei naquele escritório e vi uma mesa vermelha. Aquilo me chamou muito a atenção, porque eu nunca tinha visto uma mesa vermelha daquele jeito num escritório de advocacia." A mesa vermelha é uma imagem forte, que chama a atenção, e quem ouve essa fala também se imagina entrando no escritório e vendo a mesa.

"Uma vez, na sala de espera do médico, tinha uma poltrona que foi a melhor poltrona na qual eu sentei na vida. Ela era muito confortável, gente. Tanto que cheguei a dormir um pouco." Chamar a atenção para uma poltrona nesse cenário, e para o quanto ela é confortável, é uma forma de fazer a audiência visualizar e sentir no próprio corpo a minha narrativa.

Alguém que sabe contar histórias não nos dirá que esperou por uma hora. Ela vai contar como estava enquanto esperava, que pensamentos teve, por que não foi embora e voltou outro dia, quem também estava na recepção. Essa pessoa vai "mobiliar" a cena ou, como dizem hoje, "montar um apartamento na nossa mente".

17. "E se…"

Mostre como será o mundo quando o que você propõe tiver acontecido. Essa estratégia ajuda sua plateia a visualizar suas propostas de forma mais concreta e também a perceber qual é o diferencial que você está, de fato, trazendo.

Além disso, é uma ótima opção ao "Somos inovadores". Especular um futuro possível a partir do que você está propondo é uma maneira arrojada de demonstrar inovação.

Essa estratégia permite brincar e extrapolar. Você pode sugerir à plateia: "Pense no seu dia: você acorda, toma seu café e entra num carro voador para ir ao trabalho". Nem precisa anunciar "Agora vamos imaginar que..."; vá direto e leve a sua audiência junto.

O melhor exemplo dessa estratégia foi a de um cliente meu que disse para sua plateia numa apresentação: "Sempre gosto de ver as notícias de manhã e, quando estava me preparando para esta apresentação mais cedo, vi uma notícia do ano de 2070. Isso me chocou tanto que eu imprimi a notícia e trouxe aqui para vocês". Estávamos em 2019. Ele tirou um papel dobrado do bolso, abriu e começou a ler uma notícia de como, em 2070, estava o mercado em que ele atuava. O mercado havia sofrido várias mudanças já esperadas, mas a empresa dele tinha sobrevivido e se destacado, porque desde o ano em que aquela apresentação estava acontecendo já vinha tomando as atitudes X, Y e Z.

Óbvio que a plateia sabia que era uma brincadeira. Mas isso não impediu que as pessoas acompanhassem e se interessassem pela fala. Ao contrário, o interesse aumentou pelo formato inovador e inesperado. Principalmente porque era uma audiência acostumada com formatos tradicionais. A estratégia transformou aquela apresentação em algo inesquecível.

18. Didática visual

Didática visual é a construção de uma imagem ou cena que ajude a compreensão da audiência através do seu movimento corporal, seu posicionamento no espaço ou uso de objetos e mobiliário disponíveis no cenário.

Por exemplo, se eu tiver três casos diferentes para apresentar, ao falar de cada um deles dou um passo para a direita ou para a esquerda, criando no palco uma divisão imaginária em três partes. Toda vez que for falar de um dos casos, eu me dirijo ao espaço que marquei visualmente. Isso ajuda a plateia a acompanhar o meu raciocínio. Posso usar as mãos também para isso, segurando exemplos imaginários em cada uma delas. Há pessoas que até apresentam gráficos simples com essa técnica.

Na didática visual, o apresentador conduz o interlocutor a organizar a informação por partes representadas em locais do palco, facilitando a compreensão.

Um bom uso do espaço é preferível ao PowerPoint, pois é muito mais interessante e dinâmico. O seu próprio corpo pode ser utilizado como uma ferramenta. Ao criar movimento, a visualização passa a ser em 3D, o que pede atenção e aumenta a concentração do público.

19. Voz interna

Sabe quando você está vendo um filme e entra aquela narração de uma personagem em *off*? É como se desse para ouvir o pensamento e saber o que está se passando dentro da cabeça dela. Esse recurso de voz interna é algo que você pode aplicar à sua apresentação. Diga o que você está pensando em relação aos dados e fatos que descreve. Exemplo: "Olhei para essa diferença de porcentagem e pensei comigo mesma: 'Mas não é possível!'. E logo depois me dei conta de que eu não estava levando em consideração esse outro fator aqui."

A voz interna também é uma forma de trazer dinâmica para a apresentação, sem estar necessariamente relacionada ao conteúdo: "Quando eu estava olhando para essa diferença de porcentagem, percebi que tinha esquecido de avisar o meu filho sobre um compromisso. Aí fiquei nervosa, porque não sabia se me concentrava na diferença de porcentagem ou se saía e ligava para o meu filho!".

Aqui o humor vem como um recurso dessa voz interna, usado apenas para dar dinâmica à sua apresentação. Políticos e figuras públicas usam muito essa estratégia para parecerem "verdadeiros" ou "autênticos". É o tipo de comunicação que nos faz olhar para eles e comentar: "Esse ao menos fala o que pensa!" Porém, garanto a vocês que isso é puro ensaio!

20. Opinião

Essa é uma das maiores dificuldades de quem está começando a produzir conteúdo em vídeo. Parece a voz interna, mas aqui é a sua opinião sobre as coisas. Evite a "voz de Deus", com frases genéricas nas quais não sabemos quem está falando, como "O mundo está um caos". Prefira "Eu acredito que o mundo está um caos por isso e isso". As pessoas adoram ouvir opiniões e como elas foram construídas. Veja a diferença entre as frases a seguir.

> Pessoal, amanhã tem um webinar sobre vendas às 14 horas.

> Pessoal, amanhã tem um superwebinar sobre vendas às 14 horas. Eu já ouvi falar muito dessa plataforma, já organizei minha agenda e recomendo.

> Pessoal, como vocês estão amanhã às 14 horas? Tentem dar um jeito na agenda porque tem um webinar imperdível no qual vão abordar exatamente o problema de vendas que discutimos na reunião de ontem. Sei que estamos todos correndo, mas fez muita diferença para mim quando acompanhei a última edição.

Não importa muito a qualidade da sua indicação, mostrar que você tem opiniões traz responsabilidade para o discurso, e quanto mais você se compromete com o que fala, mais a audiência se engaja.

21. Pista

Citar algo e retomar depois. Deixar o público tirar conclusões e até saber mais que você. É quando você retoma algo que já disse antes, mas deixando esse ponto mais complexo ao longo do discurso. Sabe quando assistimos a um filme e já sabemos que a personagem vai sofrer porque a mãe está doente e não contou para ela? Nós sabemos, mas a personagem, não.

O que acontece nesse efeito é que a plateia se sente inteligente, impressionada por ter feito a conexão e "pescado" a sua pista. Com isso, a sua história se torna muito mais surpreendente e atraente.

Numa palestra sobre propósito que realizei num evento do CreativeMornings, comecei contando a história de um pesadelo com um carro preto que tenho repetidamente. Parecia despropositado e fora de contexto, mas era uma pista. No final da minha narrativa, eu contava sobre uma situação difícil envolvendo carros. Quando contei isso, as pessoas fizeram aquele "Ahhh" de surpresa, porque entenderam a relação. Não precisei retomar explicitamente o sonho do início, as próprias pessoas fizeram esse link e chegaram à conclusão. Experimente fazer isso com a sua audiência.

Deixe pontas soltas para que ela amarre durante a apresentação.

22. O Pinky e o Cérebro

E se a minha apresentação for com mais alguém? E para organizar os convidados da minha live? Uma dica é atuar em dois arquétipos: o Pinky e o Cérebro.

Você se lembra dessa dupla de desenho animado? Um é superinteligente, sério e bravo, sempre elaborando planos para dominar o mundo. O outro é atrapalhado, ingênuo e muitas vezes esquece o que precisa fazer.

Alternar essas personalidades é uma forma de dar dinâmica à sua aula ou apresentação. Ela, aliás, funciona tanto nas falas em que você está sozinho quanto nas que faz acompanhado. A ideia não é encenar o que você não é ou fingir, mas mudar um pouco sua postura. Essa dinâmica de personalidades que entram em choque e se complementam é clássica. E funciona.

Pense na sua melhor amiga ou amigo e diga se não é verdade! Veja nas duplas clássicas: Chaves e Quico, Batman e Robin, o Gordo e o Magro, Timão e Pumba, Dory e Marlin, Russell e o sr. Fredericksen. É a dinâmica de tensionar e relaxar, a tática "policial bom, policial mau".

Não quer dizer que o Cérebro é apenas um gênio e o Pinky somente um idiota; eles também têm nuances, mas predominam os arquétipos de espertalhão e bobalhão. Todo mundo tem um pouco dos dois. Para fazermos uma boa apresentação, com seriedade e compromisso, não precisamos ser sérios o tempo todo – às vezes é o Pinky que consegue resolver os problemas e chegar às melhores soluções.

Mesmo que você esteja sozinho, pode brincar com essas duas dinâmicas. Ora você demonstra ser exigente e cheio de certezas, ora demonstra ser colaborativo e não ter todas as respostas. É importante saber o que a gente transmite naturalmente para buscar um pouco de contraponto, o que pode deixar nossas falas e apresentações mais divertidas.

Essa dinâmica de personalidades que entram em choque e se complementam é clássica. E algo muito usado em podcasts: seus convidados não precisam ter opiniões diferentes sobre um tema para que a conversa seja boa, basta terem personalidades diferentes.

23. Pontos de vista

Nessa estratégia, você alterna o ponto de vista da história e mostra, por outro ângulo, como ela se torna mais rica em termos de criatividade e dinâmica.

Imagine a cena: um homem andando em casa e tropeçando no brinquedo do filho em cima do tapete. Você provavelmente contaria essa história do ponto de vista do homem, mas experimente contá-la pela ótica do brinquedo. Ou do tapete. Ou do próprio chão.

Quando você muda a perspectiva, tudo se torna mais interessante. Então, faça um levantamento do cenário ao redor, imaginando a história pelo ponto de vista dos diferentes elementos que a compõem.

Já treinei uma youtuber que queria ser mais criativa na maneira como começava seus vídeos. Ela tinha um vídeo sobre cinco formas de levar a quarentena com mais leveza – no período de isolamento devido à covid-19, em 2020 – e queria divulgá-lo com um outro vídeo curto. O que eu propus foi um exercício de pontos de vista diferentes. Elencamos os elementos que faziam parte da interlocução: além dela própria, tinha também a audiência, o marido dela, o filho, o computador que ela usava, a mesa na qual trabalhava, o tapete em que pisava para gravar os vídeos, a louça da pia... Como seria usar cada um desses elementos?

No começo, ela dizia: "Oi, pessoal, fiz um vídeo para compartilhar com vocês algumas dicas de como levar a quarentena com mais leveza". Depois, pensamos do ponto de vista do marido dela: "Gente, meu marido disse que eu estava muito estressada com a quarentena, e pensando no que nos ajudou fiz este vídeo com algumas dicas". Depois, do ponto de vista do computador: "Meu computador está fervendo. Nunca usei tanto esse computador, inclusive ele deu defeito ontem! É muito estressante esse tempo de quarentena, e eu vou compartilhar com vocês algumas dicas que me ajudaram".

E por aí vai. Pensar nesses diferentes pontos de vista ajuda a destravar a criatividade, e você começa a perceber que existem muitas formas de fazer a mesma coisa.

> Dica de exercício:
>
> **1.** Escolha um objeto no local em que você está agora e escreva sobre esse objeto. Descreva como você o vê, o percebe e a função dele para você.
> **2.** Agora você é o objeto escrevendo sobre si mesmo, isto é, escreva como se fosse o próprio objeto. Coloque-se no ponto de vista do objeto e imagine o mundo dele.
> **3.** Agora você é o objeto escrevendo sobre você, a pessoa que o está observando. Se veja aos olhos desse objeto. Imagine como ele vê você e o que falaria a seu respeito.

24. Diálogos: reproduzir conversas

Uma das maiores características de quem sabe contar bem uma história é reproduzir os diálogos com a emoção de cada fala. Um grande destaque da internet, o Casimiro, faz isso muito bem. Em vez de contar a história "de longe", por exemplo: "Os caras estavam brigando". Ele nos conta de dentro da cena: "Aí um dos caras disse: 'Ou você para ou não sai daqui'. E o outro respondeu mais alto ainda: 'Quero ver você me segurar!'". E ainda dá uma opinião: "Rapaz, a coisa tava feia!".

Em apresentações corporativas, isso também é possível. Você pode trazer um diálogo com um fornecedor ou o cliente, por exemplo: O cliente disse... e eu respondi...

Você pode associar essa estratégia à didática visual e se posicionar em lugares diferentes para indicar que está mudando a pessoa que fala – do lado direito está você e do esquerdo está o seu cliente. E na hora de fazer a fala de cada um você se posiciona onde estariam na "cena".

25. Gamificação

Desafio, gincana, competição... Quem não ama? Por que adoramos assistir e participar de competições? Traga a lógica do jogo para sua apresentação a fim de que as pessoas fiquem tão atentas como num jogo.

Isso pode ser bem simples ou superelaborado. Assisti a uma palestra sobre gestão do tempo em que a equipe incluiu um jogo, uma espécie de *quiz* no qual quem respondia mais rápido e corretamente aparecia no telão. Eles usaram o Kahoot, mas existem vários outros sites e aplicativos que fazem isso. Com essa competição eles nos fizeram ter mais curiosidade sobre os conceitos divididos na apresentação, porque quando erramos queremos saber o porquê e qual a resposta correta.

    A Rito, por exemplo, empresa que cria experiências imersivas de aprendizagem e com quem já fiz projetos impressionantes, tem um jogo no WhatsApp chamado *What if*, em que as pessoas criam em cima das ideias das outras. É um jogo para criar futuros, geralmente utilizado em palestras e experiências sobre inovação e futuro das empresas. Trabalhamos ele como uma das estratégias para treinar técnicos especialistas de uma empresa de aviação no objetivo de pensarem as inovações para os próximos cinquenta anos da organização. Na ocasião, num dia de treinamento, utilizamos o cinema como pano de fundo da experiência. Os técnicos se tornavam atores, roteiristas e diretores desse futuro e criavam juntos filmes que tangibilizavam essas ideias. Se as pessoas têm um grande desafio que é pensar o futuro, adicionar desafios menores e que não envolvem um risco real como atuar ou roteirizar um filme, contribui para que se soltem no principal.

26. Artes

A tecnologia vai entrar aqui como uma arte. Recentemente, treinei executivos para um evento on-line sobre cibersegurança que começava com o vídeo de um deles falando absurdos que jamais diria na vida real. Na sequência, ele aparecia ao vivo revelando que aquele vídeo inicial era falso e mostrando a tecnologia para que ele fosse feito, com a participação de um ator, inclusive. Nada no vídeo era real, e isso já dava o tom do evento, que abordaria as formas mais comuns de crimes cibernéticos enfrentados pela empresa e por seus mais de cinquenta mil funcionários. Um trabalho excelente da empresa de que sou parceira há vários anos: a Springpoint.

Em outro evento que dirigi, tivemos uma palestra inesquecível chamada "Batuque do coração", do cearense Felipe Rima. Você pode ver uma palestra dele no TED chamada "O poder dos sonhos". Ele contava as histórias que ilustravam seus recados de um jeito literalmente cinematográfico, com frases como: "Corta, vem dando um zoom no meu rosto – desespero, era isso que eu senti naquela hora" ou "Câmera lenta para essa sequência" e descrevia uma situação. Descrever posições de câmera para gerar em nós as sensações que ele queria trazia um divertimento porque, de certa forma, tínhamos uma visão privilegiada das cenas.

O vídeo e a lógica da internet podem ser utilizados em tempo real. Pensando aqui, se eu fosse dar uma palestra sobre notícias falsas, poderia colocar simultaneamente no telão imagens ou memes distorcendo o que eu estava falando – com ângulos que excluíssem a plateia, ou cortes do que eu falei que tirariam do contexto o que eu realmente trazia. Nossa, até quero fazer essa agora!

Já utilizei a arte do cordel em alguns trabalhos para clientes contratando repentistas e poetas, num dos meus cursos de como se vender trago a participação da dupla "Peneira e Sonhador" e cada participante recebe depois do curso um repente sobre suas competências profissionais.

Nuno Arcanjo, que trabalha com facilitação poética, já roteirizou e interpretou vídeos comigo trazendo emoção para questões muito sérias, como o Dia do Compromisso que algumas empresas e áreas de compliance têm com seus funcionários, quando assinam documentos zelando por ética, anticorrupção e antifraude.

Numa palestra de uma hora e meia realizada cinco vezes para os líderes de uma multinacional pela área de compliance, utilizamos o podcast como ferramenta para trazer proximidade. Junto ao RH, criamos cinco histórias que ilustravam os cinco principais problemas e pilares de responsabilidade da empresa. Histórias muito realistas, inspiradas nos principais casos que a empresa precisava administrar, desde assédio moral a funcionários à corrupção ativa para privilegiar um amigo ou parente fornecedor. Na hora da palestra eu e uma sócia interpretávamos as histórias, os executivos e executivas ouviam e respondiam a perguntas na sequência numa plataforma on-line compartilhada, na qual todos podiam ver as opiniões, porém de forma anônima. Ao final, o diretor da área comentava essas respostas e enfatizava os pilares.

    Foi um sucesso e uma grande inovação para a empresa em como abordar esse tema tão técnico e estratégico. E não apenas pela criatividade mas pelo trabalho conjunto com o RH da empresa, o diretor que participou ativamente e a Afferolab, com quem trabalho há vários anos.

Repertório

Ao longo de nossa jornada vamos criando o repertório que nos permite utilizar esses recursos artísticos em nossas apresentações. Lembro de uma peça que me marcou muito em 2014 chamada *E se elas fossem pra Moscou*, adaptação do clássico *As três irmãs*. Nesse espetáculo primoroso, tínhamos duas formas de assistir: poderíamos assistir à peça de teatro ou, num auditório ao lado, ao filme feito ao vivo a partir da peça.

    Se você optava por ver a peça, entre os atores se deslocavam operadores de câmera e visivelmente havia marcações de espaço e luz específicas para filmagem. Era interessantíssimo imaginar como aquilo estava aparecendo num telão.

    No mesmo ano, uma peça alemã esteve em São Paulo e também utilizava o recurso do filme, mas de outra forma. Enquanto as cenas se desenrolavam no palco, um telão acima dele mostrava simultaneamente o que víamos em formato de filme. Uma cena que me marcou foi quando uma moça colocava ervas e flores num travesseiro. No palco, víamos a ação, e no telão, o detalhe de cada planta. Nesse mesmo espetáculo, tínhamos duas cabines de som nas laterais do palco onde os ruídos e vozes eram produzidos ao vivo, como o som de um bater de porta com dois pedaços de madeira ou de uma frigideira no fogo com lixas raspando uma na outra. Tínhamos em cena duas expressões artísticas florescendo juntas e encantando a todos.

Alguns anos depois, num festival internacional, foi o Uruguai que conquistou meu coração com uma peça em que também poderíamos escolher o que ver. Ou víamos a peça normalmente, que se passava no interior de uma casa, ou assistíamos na coxia (lateral do palco), onde estavam as traquitanas e discussões dos atores antes de entrarem em cena. É claro, havia toda uma trama nos bastidores sobre um assassinato, brigas, empurrões e até atores que desistiam de entrar em cena e outros assumindo seus lugares – lá dentro, quem optou por ver a peça não fazia ideia dessa confusão. Um primor!

Tudo isso para contar que absolutamente qualquer coisa que você vê e ouve se torna material para a sua criatividade. E não precisa ser uma peça, pode ser sua avó cozinhando e fazendo a mágica dela com aqueles legumes na banha de porco. Ou aquela situação em que você precisou mudar de ideia bem rápido porque viu que a primeira deu errado.

Se você aprende a enxergá-la como arte, a vida é o material do apresentador.

Você é capaz de esculpir o tempo!

O cineasta russo Andrei Tarkovski escreveu um livro maravilhoso, que eu recomendo muito, chamado *Esculpir o tempo*. No livro, como se pode supor, ele se refere ao cinema, mas você pode expandir esse pensamento.

Uma boa obra artística, ele diz, controla a nossa percepção de tempo e, portanto, de realidade. Às vezes, estamos lendo um livro durante três horas e temos a sensação de que se passou apenas meia hora. Você certamente já teve essa sensação. Ou uma cena de terror num filme dura um minuto, mas nos parece um dia. Essa habilidade de esculpir nossa percepção é a mesma habilidade que podemos utilizar na hora de conduzirmos uma audiência.

Outro cineasta das antigas, Sidney Lumet, conta em seu livro *Fazendo filmes* sobre o dia em que foi ver o primeiro corte de uma de suas produções. Era a primeira vez que ele o assistiria depois de filmado, e a expectativa era grande.

Então, ele e o montador – hoje também chamado de editor –, que na época precisava literalmente cortar os pedaços de filme e grudar na ordem correta, estavam na sala de projeção quando chegou o grande final, que era a cena de um julgamento, antes de o juiz dar o veredito. Todos no tribunal estavam num silêncio tão absurdamente profundo e tenso que Sidney ouviu uma mosca voar, o que gerou uma dúvida nele: uma mosca realmente voou na sala de projeção, ou o montador colocou o zumbir do inseto no filme? Depois da projeção, eles conversaram, e o montador contou que deixou evidente o som da mosca no filme, afinal, de que forma ele poderia demonstrar ao público que todo o tribunal estava no mais absoluto silêncio, como o diretor havia solicitado? Ele precisava de um contraponto. Estava tão silencioso que, mesmo numa sala abarrotada, se podia ouvir o som de um inseto voando. Genial, né?

Imagine isso na sua apresentação. Se você quisesse mostrar o grau de tensão numa situação, para valorizar uma banca de mestrado da qual participou ou sua presença num congresso internacional, ou mesmo a sala de espera enquanto sua companheira estava em trabalho de parto, você poderia dizer algo assim à plateia:

"Eu estava aguardando chamarem o meu nome e, quando isso aconteceu, fiquei paralisado por alguns segundos. Foi um silêncio tão grande que até ouvi um mosquito voando na minha frente. Então, me chamaram novamente, e aí, sim, eu entendi o que estava acontecendo e fui."

ou

"Eu estava tão ansioso que, no momento que cheguei lá, foi como se o tempo parasse - minha garganta secou na hora. E o silêncio era tanto que eu ouvi um pernilongo chegar e pousar no meu antebraço, bem aqui, ó. Pensei até em dar um safanão no danado, mas ia chamar muita atenção e tudo o que eu queria era desaparecer!"

ou

"Zummmm, zummmmm, eu achei que estava ficando louca, porque como poderia ter uma mosca bem ali? Será que só eu estava ouvindo? Será que era a minha imaginação querendo pregar uma peça, agora que eu tinha conseguido passar numa seleção internacional e podia conseguir financiamento para o estudo mais importante da minha carreira até então?"

ou

"No começo, eu achei que era comigo. Depois aprendi que era a habilidade dos ingleses de prestarem atenção nos entrevistados. O silêncio era realmente absoluto ao ponto de eu ouvir não apenas as moscas, mas a minha barriga roncando de nervoso. E foi assim, vermelha de constrangimento, que eu entrei na frente do PowerPoint e comecei: 'Hi, my name is Sandra Vieira...'"

Caramba! Eu posso fazer isso por horas... e sei por quê: a criatividade adora limites. Se eu disser agora para criar um parágrafo sobre sua carreira, você vai demorar um pouco. Se eu disser que tem que incluir algum colega importante e um fracasso, já vai levar metade do tempo. Se eu incluir que, além de ser apenas um parágrafo, citar um colega e um fracasso, você precisa me contar o que faz hoje, vai levar um terço do tempo.

Enfim, tudo o que você vê e sente pode ser transportado para as suas narrativas. Basta um pouco de atenção ao entorno e aos seus sentimentos, ousadia e vulnerabilidade. Eu gosto de pensar cada apresentação e aula minha como uma peça de teatro, um filme, uma obra artística. E não se afobe, todos somos artistas. Algumas obras de arte temos que fazer correndo e com poucos recursos. Com outras temos tempo, dinheiro e equipe! Mas em todas estamos aprendendo e buscando flertar com os nossos limites.

27. Empatia e frases empáticas

Nas câmeras e no palco, não adianta você "ser" legal, por exemplo. Você precisa "parecer" legal. Não temos como saber se alguém é autêntico, apenas se essa pessoa parece autêntica, e isso tem a ver com o que e como você comunica. Frases empáticas, que demonstram seu interesse pelos problemas do público, aumentam seu carisma junto a ele. Por exemplo: "Para mim, é muito importante que vocês tenham essas informações", ou "Vou pegar na mão de vocês pra que a gente percorra juntos esse caminho", ou "Preparei esta apresentação pensando em cada um de vocês..." São frases, perguntas e expressões que demonstram interesse nas pessoas que estão acompanhando você. Elas não querem ter a sensação de que você apresenta todo dia a mesma coisa do mesmo jeito; elas querem se sentir especiais, consideradas. Então, recheie suas apresentações com esse tipo de comentário.

28. Segredo

Todo mundo ama uma fofoca, e um segredo é exatamente isso: algo que ninguém ou poucas pessoas sabem. Contar algo íntimo, bem pessoal, que tem esse tom de ineditismo, traz a atenção e geralmente marca uma apresentação. Houve uma época em que isso virou fórmula do empreendedorismo "quando eu era pequeno, segredo, desafio, superação, sucesso atual e desejos para o futuro". Então, tem que cuidar para não ficar piegas ou gratuito – mas funciona!

29. Parcerias

Colaboração é tudo nessa vida! Presencialmente, por vídeo ou áudio, ou mesmo mostrando um bilhete ou conversa por mensagem você pode ter uma participação especial na sua apresentação. Tenho amigas da White Rabbit, uma empresa de tendências, que sempre utilizam trechos de vídeos em suas apresentações e já participei assim, respondendo a alguma pergunta relevante para o conteúdo delas e aparecendo em determinado momento.

Numa palestra sobre "Como errar mais rápido e melhor", que ministrei no Seminário de Podcast do Espírito Santo, convidei amigos podcasters para me enviarem áudios contando besteiras que fizeram ao longo de seus programas, erros que precisaram ser corrigidos que somei aos que eu mesma já cometi conduzindo um podcast como co-host por quatro anos. Na hora da apresentação, um desses colegas que mandou áudio, da Rede Geek, estava lá, então, no lugar de tocar o áudio, convidei-o para o palco e ele contou ao vivo a sua experiência. Isso traz outra qualidade para o nosso conteúdo. Use sem moderação!

Aqui também entram os vídeos e conteúdos prontos que utilizamos para ilustrar alguma coisa. Eu uso vídeos, memes, áudios, tudo que pode ser eficiente para a audiência.

30. O espírito do tempo

Não fale do que não entende sem consultar quem entende. "A ignorância sempre estará entre nós porque é impossível sabermos todas as coisas", como disse a comediante Hannah Gadsby em sua apresentação chamada *Nanette*, que, aliás, recomendo muito. Então, podemos reconhecer isso e buscar o diálogo e as informações mais acuradas que temos à disposição.

Nesse caso significa compreender que o Brasil só existe por causa dos negros, que não somos todos iguais, que o racismo mata, que o machismo mata, que quatro em cada dez brasileiras serão estupradas durante a vida por parentes e conhecidos, enfim... reconhecer as realidades, especialmente aquelas diferentes da sua.

E essa atenção não deve estar só nas palavras, mas nas imagens e até na sua forma de vestir e se portar. Exemplo prático: eu estava treinando a diretora de uma empresa de marketing que iria apresentar sua organização para novos clientes. Em determinado momento, ela falava de estresse em sua apresentação, e a imagem que estava junto a essa palavra era a de um homem gordo comendo um hambúrguer; na sequência, quando falava de relaxamento e tranquilidade, a imagem que acompanhava as palavras era a de uma maçã. Sabemos que peso não tem nada a ver com saúde ou com estresse, trata-se de mitos muito questionáveis. Pessoas magras podem ter uma saúde péssima e ser bastante estressadas. E também não havia nenhuma relação com alimentação necessária para o ponto trazido por ela, apenas indicava uma vida corrida em que as pessoas recebem muita informação. Perguntei se ela tinha questões pessoais com o próprio peso, e ela confirmou que sim. Perguntei, então, como ela acreditava que um cliente gordo se sentiria se vendo retratado na imagem como inconsequente ou desleixado com sua saúde. Ela compreendeu o ponto e até se surpreendeu, porque teria um cliente com aquelas características em sua audiência.

Portanto, além de ter cuidado com o espírito do tempo, volte sua atenção a estereótipos, generalizações, seus próprios vieses inconscientes. Seus preconceitos e visões de mundo. Se questione ou busque pessoas que possam ajudar você a questionar suas crenças.

Outro exemplo: um executivo de banco estava usando dois personagens para ilustrar seus clientes de baixa renda: a dona Maria, que criava os filhos vendendo salgados, e Ricardo, estudante de engenharia. A mulher em casa cozinhando e o homem, estudando.

Precisa ser assim?

Aliás, já perdi a conta de quantas vezes a dona Maria apareceu em apresentações. Vamos combinar de deixá-la em paz?!

Eu sei que parece óbvio, mas me sinto na obrigação de reforçar algumas coisas quando, em pleno

2022, alunos são expulsos de uma escola brasileira por fazerem saudações nazistas e quando a negação do Holocausto e da ciência ganha tantos adeptos. Eu estudo muito a mentira e a manipulação, mas isso é assunto para outro livro. Aqui é um **ATENÇÃO** em letras garrafais para você não espalhar negacionismo e bobagens por aí.

Coerência, consistência e embasamento constroem reputação.

Tudo isso faz parte do espírito do tempo, até porque informações podem ser verificadas em tempo real. Se você não quiser virar um tuíte no dia seguinte, respeite isso. Temos vários exemplos de empresários que foram rechaçados publicamente e empresas que perderam valor e reputação porque não havia coerência entre o discurso dos representantes e a prática da empresa. Não podemos falar de diversidade se a nossa empresa não é diversa, a não ser que sejamos muito verdadeiros e tenhamos um plano de transformação real. Não podemos falar de home office se não o praticamos, e assim por diante.

Treino muitos porta-vozes, e é obrigação de alguém que se dispõe a falar em nome de uma organização saber exatamente quais são seus valores e cultura reais e ter em mente que seus valores pessoais não podem conflitar com eles. O dono de uma grande rede de alimentação teve um problema grande de reputação na pandemia porque, enquanto sua empresa pregava a colaboração e a valorização dos funcionários, os valores pessoais do dono não corroboravam esse discurso. Só que o dono da empresa sempre será visto como o dono da empresa, e não como um indivíduo apartado do negócio.

CAPÍTULO 4

PERFORMANCE
COMO SERVIR NA HORA DE SE APRESENTAR

Vimos as estratégias narrativas no capítulo anterior porque elas fazem parte do formato. Só que lá nós só planejamos a nossa estratégia, e aqui é a fase de execução. Com o conteúdo e o formato prontos, chegou a hora de performar!

Uma ótima performance até pode enganar a falta de conteúdo ou de formato, mas não para sempre.

Uma performance incrível pode salvar uma apresentação? Pode. Então, só devo me preocupar com a performance? Não! A performance não vai salvar você para sempre. Não conte com a sorte.

Certo dia, eu e uma colega de trabalho fomos assistir a um curso sobre apresentações, com a intenção de levá-lo para uma plataforma maior. No fim do curso, todos os participantes comentavam: "Como ele é bom nisso", se referindo ao professor, que realmente impressionava na performance. Porém ninguém se sentia capaz de fazer uma apresentação como a dele. Resultado: não o contratamos. O curso teria sido um sucesso se os comentários fossem: "Agora entendi! Puxa, vou aplicar essa técnica amanhã numa apresentação da empresa". Isso não aconteceu, porque ele segurou o curso na performance pessoal e não conseguiu transmitir os ensinamentos de como fazer uma apresentação eficiente. A performance e o formato eram maiores que o conteúdo em si, e sabíamos, por experiência de venda de vários cursos on-line, que, se a pessoa que acompanha a aula não consegue colocar em prática o aprendizado, ela não apenas abandona o curso como reclama publicamente disso.

A performance está muito ligada à sua marca pessoal, ao seu estilo próprio. É o seu "jeitão", a maneira pela qual você é reconhecido. Meus alunos na faculdade de teatro tinham uma brincadeira de dar troféus uns aos outros. Um deles era o Troféu H_2O, destinado a pessoas insípidas, inodoras e incolores. Sabe quando o professor pergunta "Alguém sabe por que o Carlos não veio?" e você se dá conta de que nunca reparou que tinha um Carlos na turma? Ou seja, é alguém que não deixou uma marca e que pode ser facilmente substituído por outra pessoa... ou pior, esquecido.

Para uma boa apresentação, é preciso mostrar seu estilo próprio. Na verdade, trata-se mais de não esconder quem você é atrás de um "personagem apresentador". A plateia quer conhecer você, quer a vulnerabilidade. O "jeitão" não significa ser uma pessoa extravagante, que chame atenção ou que saiba fazer piadas, mas revelar o que torna você único.

Uma professora que treinei para cursos on-line era reconhecida por ser uma pessoa muito séria. Sabe aquelas pessoas tão sisudas que chegam a falar franzindo a testa? Ela é assim até hoje. E, em vez de escondermos esse rigor e retidão – quase braveza que ela tinha ao ensinar –, exacerbamos isso e ela fez um sucesso tremendo. Justamente por esse jeito. Sem rir e sem fazer piada, porque isso não tinha nada a ver com ela.

Então, quais são os elementos que compõem a performance e que podemos explorar?

COMUNICAÇÃO VERBAL

Aqui se encontram alguns fatores relativos à fala, como as palavras são ditas por você e como elas ressoam aos ouvidos do seu público.

Entonação

Faça este exercício agora. Diga em voz alta: "Bom dia, como vai você?". Agora repita, mudando o sentimento por trás da fala, como se estivesse cansado, com raiva ou muito feliz. Aí está a entonação. Ela pode alterar completamente o sentido do que você quer dizer. Alguns atores ficam famosos por não terem expressão, e vários memes são feitos em cima disso, porque nunca sabemos se eles estão tristes ou felizes, já que o tom de voz não muda – quem não se lembra do cigano Igor? Isso acontece porque falta acertar na entonação.

Essa musicalidade das frases demonstra a intenção ou o sentimento por trás do que se quer dizer.

Modulação

A fala não pode ser contínua e enfadonha, nem acelerada e gritada. As duas coisas causam cansaço em quem ouve. Modular significa brincar com o tempo, o volume e as pausas. Também dizemos que modular é dar brilho à voz e ao que você quer dizer.

Retomemos o exercício anterior, com o "Bom dia, como vai você?". Nessa frase, pode-se enfatizar uma ou outra palavra, a despeito da entonação. Por exemplo, posso estar feliz e enfatizar a palavra "bom" ou a palavra "você", de acordo com a minha intenção. Exercite dizer em voz alta, enfatizando a palavra sublinhada.

"<u>Bom</u> dia, como vai você?"
"Bom dia, como vai <u>você</u>?"

Velocidade

A velocidade da fala influencia o fator de atenção da audiência. Falas muito vagarosas e pausadas causam distração e sono. E falas muito aceleradas causam dispersão e confusão.

A melhor solução é a alternância. As mudanças de velocidade retomam a atenção da plateia e criam uma experiência de temporalidade mais dinâmica. Quem quer ser compreendido faz de tudo para que o outro compreenda.

Alguém que precisa explicar a uma criança que ela não deve correr para a rua faz isso com pausa, ênfase, entonação e grandes gestos. Usa todos os recursos possíveis para ter certeza de que a mensagem foi assimilada. Quando queremos ser compreendidos, usamos todos os artifícios de comunicação. Poderíamos ganhar um Oscar! Todos temos essas habilidades.

Nosso cérebro gosta de previsibilidade, isso é a base da confiança, e, ao mesmo tempo, gosta de surpresas, suspense, tensão, pausas, alívio. A velocidade nos dá isso. Mas imagine ficar pensando na velocidade da fala? É muito difícil, então busque mudar os formatos.

Quando mudamos o formato também mudamos a velocidade da fala, a entonação e a modulação.

Se você está dando informações sobre um determinado acontecimento, por exemplo, a porcentagem de empresas que se digitalizou nos últimos três anos, certamente sua fala será muito diferente de quando você conta a história de quando foi demitido porque a empresa em que estava optou por automatizar alguns processos. Nenhum de nós conta um causo do mesmo jeito que fala um conceito. Então, quando alterna os formatos você automaticamente alterna a dinâmica.

Dicção

As pessoas precisam entender tudo o que você diz. Se você tem o costume de "comer" palavras, de acelerar a fala e "atropelar" o discurso, esse é um ponto de atenção.

Dicção é uma questão de exercício. Um deles funciona assim: fale abrindo bastante a boca, dizendo todas as palavras com calma e se dando conta de como cada palavra é pronunciada.

Se já lhe disseram que é difícil entender algumas palavras durante a sua apresentação, pode ser que você esteja muito tenso e focado em si. Quando muda o foco para a audiência, você percebe a necessidade de ser bem compreendido. É preciso analisar se, nessas horas, você está mais preocupado em executar a tarefa e falar aquilo que tem que falar do que em realmente ser compreendido por quem está ouvindo. Quando colocamos a audiência no centro, esses problemas tendem a ser minimizados.

    Claro que também pode ser uma questão de fonoaudiologia – como a "língua presa" ou gagueira, por exemplo –, mas, no geral, a certeza de que você quer ser compreendido já traz uma atenção maior para essa questão.

    Uma grande amiga fonoaudióloga sempre diz que só o fato de você pensar na sua própria voz enquanto fala já faz com que ela soe melhor. Então, lembre-se não apenas do que precisa falar, mas também de que está usando sua voz para fazer isso.

    Uma dica: tome cuidado com o pensar falando. Sabe aquele "eeee" e "aaaa" que a gente solta quando está procurando o que dizer? Evite ficar com a boca aberta entre uma frase e outra. Essas longas pausas também podem ser fruto de falta de conteúdo ou de ensaio. Ao ficar mais seguro com o conteúdo da sua fala e treinando mais, isso tende a desaparecer.

    Existem também os vícios de linguagem. Tem quem tenha mania de dizer muito uma mesma palavra, como "exatamente" ou "gente", por exemplo, ou repetir "né" várias vezes. É inconsciente. Isso pode ser resolvido rápido trazendo essa mania à consciência. A melhor maneira é se gravar e se assistir, contando quantas vezes determinada expressão foi repetida.

    Tenho uma colega que trabalha com podcast que tinha o hábito de substituir o "ando" por "ano"

Respiração

Lembre-se de respirar. A respiração é a base da fala. Manter as costelas afastadas mesmo na expiração é um bom exercício para quem precisa dar longas palestras.

É o controle da respiração que vai fazer seu corpo parar de tremer quando você ficar nervoso. Uma estratégia para isso, caso fique muito ansioso e não esteja conseguindo respirar, é deixar um copo de água por perto e pausar para tomar um gole. Ou não tão perto, para que você tenha que dar alguns passos até ele. Ninguém se incomoda com um palestrante que bebe água, nem com um que faz respirações profundas ou pausas longas e dramáticas. Barack Obama é gênio em dar pausas grandes e silenciosas – preste atenção aos discursos dele.

Você já sabe respirar. Não caia no conto de que a respiração correta é pelo diafragma; a respiração é sempre pelo pulmão mesmo. Você só precisa se lembrar dela conscientemente, e isso já é o exercício.

Já fiquei esbaforida e sem fôlego ao microfone, daquele jeito que a gente perde o ar tentando terminar a frase sem respirar. Que bom que existem inúmeras técnicas de respiração por aí. Eu gosto de respirar com contagem de tempo de inspiração e expiração. Também utilizo os braços para aumentar e baixar o ritmo da minha respiração e integrar o corpo todo. É só inspirar levantando os braços esticados até o teto e abaixá-los com a expiração. Encontre uma que deixe você mais à vontade.

Opções de linguagem

Uma coisa é fazer social na mesa do bar, outra é apresentar um projeto para os parceiros da empresa. Aqui vale usar o bom senso.

 Não há uma regra sobre a linguagem. Tente sentir como é o seu público e em que situação ou tipo de evento você está. Perceba quais são os termos e a maneira das pessoas de falar sobre o assunto. Não custa pesquisar antes e entender se cabe um jeito mais descontraído ou mais formal. Ao mesmo tempo, sua maneira autêntica de falar é o mais importante. Podemos adequar uma ou outra coisa, mas não é isso que vai conquistar as pessoas. É a sensação de que podem confiar em você. E quando estamos muito preocupados em falar de um jeito que não é o nosso, fica difícil demonstrarmos a alguém que somos confiáveis.

Erros de português

Todo mundo já passou por isso. Não se intimide com eventuais erros, a fala é diferente da escrita, e, no nervosismo, podem acontecer imprevistos. O roteiro, o treino

COMUNICAÇÃO NÃO VERBAL

São todos os elementos que também comunicam, para além do que é dito. Muitas vezes, não prestamos atenção neles, porque costumam ser automáticos. Fazemos sem pensar. Mas um bom orador tem consciência deles. Vamos vê-los em detalhe agora.

Postura de palco

Sempre me questionam sobre a movimentação no palco. Ela só chama a atenção do público quando está "equivocada". Ninguém se lembra de como um palestrante se movimentou, a não ser que tenha se incomodado ou se surpreendido com isso. É aí que o seu "jeitão" entra em cena. Algumas pessoas ficam paradas o tempo todo e isso não incomoda a audiência. Já outras parecem postes e é muito incômodo vê-las ali sem movimento.

Pense nas mãos no bolso. É certo ou errado? Depende de você, da sua marca pessoal. Se você tem isso como marca registrada, ninguém vai perceber, porque vai parecer natural no conjunto, com o seu estilo, com a sua roupa. Se você estiver escondendo a mão no bolso por nervosismo, vai parecer estranho.

Outro ponto importante é que o público quer a sua atenção. Se você puder olhar para toda a audiência e se mover, demonstrando que percebe todos os presentes, isso é muito positivo. Se você sabe que se move muito pouco, marque locais no palco da mesma forma que estrutura seu conteúdo. Por exemplo: "Na primeira parte, falarei no centro do palco, então vou para a esquerda, depois para a direita, e terminarei no fundo do palco". Ensaie essa movimentação do mesmo jeito que ensaia as palavras, para não esquecer.

Preste atenção ao lugar em que você está. Muitas vezes, palcos são demarcados com antecedência indicando a sua área de "atuação". Seja por conta da iluminação, do enquadramento do vídeo ou do som, enfim, se existe uma marcação, um tablado ou uma área específica, atenha-se a ela. Outros profissionais tiveram esse trabalho de demarcação por algum motivo, e é importante respeitar isso.

Aliás, a equipe técnica é sua melhor amiga. Quando está se apresentando, você faz parte dessa equipe.

Invista na harmonia entre vocês, ouça com atenção cada instrução, cumprimente a todos e agradeça. Pode parecer que estamos sozinhos num palco, mas essa é uma impressão bem distante da realidade. Muita gente está trabalhando para que alguém brilhe!

Gestos

Gostamos de gestos. Eles são bem-vindos, enfatizam um argumento, criam dinâmica visual. São uma ferramenta de comunicação incrível! Gestos funcionam como o sublinhar das palavras na modulação. Literalmente, você pode enfatizar algo do seu discurso com a mão, com uma pausa no corpo ou com um gesto largo. Consciência é a palavra, e isso se adquire treinando. Não tem como eu vender isso, você precisa se conhecer. Se os gestos estão fazendo falta e você não se sente confortável com eles:

Fake it till you make it!
Finja até conseguir!

Uma pergunta bastante repetida é: "O que eu faço com as mãos numa apresentação?". E a resposta: as suas mãos não deveriam ser motivo de preocupação. Se elas estão coladas no punho, estão no lugar certo!

A mão nunca é o problema. No entanto, se ela está incomodando, é preciso investigar o motivo dessa preocupação. Se algo tão íntimo de repente parece estar fora do lugar, normalmente o conteúdo é que não está correto. É isso mesmo: o desconforto físico revela uma insegurança que, em geral, tem a ver com o conteúdo, com o local ou mesmo com a insegurança perante determinada audiência. E aí a questão não é mais colocar a mão aqui ou ali, mas reconhecer que é você e mais ninguém o responsável por aquela tarefa.

Fique à vontade com suas mãos e sinta-se livre para que elas acompanhem o seu discurso. Tentar falar de um jeito diferente daquele a que está acostumado passa artificialidade a quem assiste. Por isso, não existe isso de "mexer demais as mãos". É ótimo mexer as mãos.

Se a questão for nervosismo, introversão ou timidez, falaremos disso mais adiante!

Expressões faciais e corporais

Mais uma vez, não tenha medo de se expressar dessa forma. A maneira como você se comunica com o rosto e com o corpo cria identificação, aumenta a proximidade e faz toda a diferença no contato pessoal.

As expressões são muito importantes para gerar empatia com a audiência – tanto que a maquiagem é muito usada para isso. Essencialmente, ela foi inventada nas artes para que as pessoas conseguissem ver as expressões a uma grande distância. Quando estamos gravando num estúdio, o rímel, o lápis de olho, o batom, o pó, tudo isso ajuda a focar as expressões. A maquiagem pode embelezar, sim, mas a principal função dela na comunicação é ajudar na leitura das expressões faciais.

É importante você se observar. Algumas pessoas podem estar felizes e isso não transparecer no rosto de uma forma muito explícita. Tenho muitos clientes que não sorriem; outros que acreditam que estão sorrindo de forma falsa, quando, na verdade, nem dá para perceber, principalmente no vídeo. As gravações costumam tirar um pouco das nossas expressões. É preciso aumentá-las para que possam ser percebidas pelas câmeras. Na troca presencial, em geral há outros elementos que ajudam a evidenciar se você está triste, feliz ou com raiva.

Sorria mais. Force um pouquinho, que seja. Você acha que está sorrindo de um jeito falso, artificial, mas para quem assiste pode não ser essa a impressão.

Tem dúvidas sobre como você parece ao se expressar? Grave a si mesmo e treine!

Emoção

Tente se lembrar de uma apresentação que marcou você. Provavelmente ela lhe causou alguma emoção. Então, você pode, intencionalmente, emocionar o público. Para provocar emoção, você precisa sentir ou fingir que está sentindo – esse é o trabalho dos atores. A audiência reage por empatia. Se vejo alguém tenso, dificilmente começarei a rir. A tendência é que eu reproduza essa emoção.

Preste atenção ao que você está sentindo. Se estiver empolgado, assim a plateia reagirá. Se estiver triste, ela vai com você. Se estiver nervoso, ela vai sentir também, ao mesmo tempo que pode ler isso como falta de propriedade no tema ou como insegurança.

É sempre bom contar logo para a plateia o que você está sentindo, se isso não for óbvio, para que ela não deduza a coisa errada.

Não tem jeito. A plateia vai perceber, e a câmera vai captar. Ela filma absolutamente tudo o que está acontecendo, e o seu nervosismo estará lá, registrado.

Gosto de chamar a emoção de "vibe". Você precisa entrar na vibe, no estado de espírito que quer que seu público alcance. Para entrar na vibe da apresentação, algumas pessoas leem muito o roteiro, outras dançam, outras comem lasanha, outras vão passear um pouco ou ouvem uma música. São como rituais, e é importante descobrir o que funciona para você. Quando jogava handebol, eu sempre fazia duas coisas antes do jogo: escovar os dentes e limpar os ouvidos. Não me pergunte o motivo, mas isso me acalmava. Era meu jeito de entrar na vibe da competição.

Nervosismo

Aqui entram aqueles fatores mais subjetivos, como medo de palco, ansiedade, equilíbrio emocional e insegurança. São fatores que dizem respeito a um trabalho mais íntimo e pessoal. Já falamos um pouco sobre isso. Parte desses aspectos emocionais se relaciona a um pensamento autodepreciativo sobre o paradoxo da importância: uma crença de que "não tenho nada tão interessante para dizer" ou que "só posso falar se for perfeito". Outra parte diz respeito ao grau de exposição que a comunicação pessoal demanda. Para a maioria das pessoas, não é fácil se colocar numa situação na qual estão expostas, em que são o centro das atenções e, consequentemente, alvo de avaliação e julgamento.

Eu queria que você treinasse os aspectos positivos de se colocar em tal situação. Uma dica para treinar isso no cotidiano é: fale o que você pensa!

Dizer o que você realmente pensa é uma forma de evoluir como ser humano. Parece místico ou transcendental, mas me refiro ao sentido prático mesmo. Falar o que se pensa nos permite receber um feedback, ser contestado, questionado... E é nesses momentos que aprendemos, que conhecemos opiniões e pensamentos novos. Se você nunca falar o que pensa, se não se expuser, não vai mudar de opinião e vai passar pela vida sendo sempre a mesma pessoa, sem mudar nada.

Sabe quando encontramos alguém depois de muitos anos e a pessoa continua do mesmo jeito? Verifique quem você quer ser e avalie se quer passar o tempo da sua vida estagnado, sem abertura para o outro e para o novo. Aprenda a encarar o nervosismo dessas situações com a expectativa e a excitação de um momento cheio de oportunidades! O máximo que pode acontecer é alguém corrigir você. E é aí que aprimoramos nossa comunicação.

Claro que não me refiro aqui aos porta-vozes de empresas. Se você tem um cargo fundamental numa empresa, realmente é esperado que seus valores reflitam os da organização. Então, nada de ficar dando opiniões públicas que contradigam o que a empresa prega. E, mesmo que você seja o dono, a empresa é maior que você, por envolver muitas outras vidas e expectativas.

Presença

O que é essa qualidade tão difícil de definir e tão fácil de perceber?

Aos dezesseis anos, eu comecei a trabalhar na Orquestra Sinfônica do Paraná como assistente da coordenação. E, por isso, assisti a muitos concertos sinfônicos. Aliás, acho uma lástima não podermos dançar nesse tipo de apresentação. Mas o que quero trazer aqui é que, mesmo num grupo aparentemente tão uniforme, meus olhos e os da plateia como um todo sempre paravam sobre as mesmas pessoas. Qual a qualidade que uma pessoa precisa ter em seus movimentos, em sua concentração, em sua competência para chamar a nossa atenção?

Pense nas suas experiências. Eu me lembro nitidamente de assistir a uma apresentação de dança do Grupo Corpo – muito famoso no Brasil – e prestar atenção em um único bailarino. E, ao conversar com os amigos que estavam comigo nesse dia, todos relataram a mesma experiência, de ficarem hipnotizados pela mesma pessoa. Por mais que tudo fosse incrível, alguma coisa nos atraía para aquela performance específica. Isso é o que eu vou definir aqui como presença de palco. Ou apenas presença.

Algumas pessoas descrevem isso como um estado de atenção plena. É como se a pessoa estivesse mais viva que as outras, interagindo com tudo: com o ambiente, as palavras, o ar, como se ela tivesse uma capacidade de dominar ou dançar com os elementos da natureza numa alquimia. Não pude assistir à grande atriz Cacilda Becker nos palcos, mas administrei um teatro que leva seu nome em São Paulo, e todos que a viram em cena dizem a mesma coisa: ela queimava! Era uma força da natureza, como se fosse morrer a qualquer momento ali na nossa frente. Ela se entregava completamente, não escondia nada.

Gosto de descrever essa habilidade como a coragem de estar disposto tanto a conduzir a situação por completo, se responsabilizando por tudo e todos, quanto a se entregar por completo à condução de outra pessoa.

Nesse sentido, se entregar por completo é também se responsabilizar por completo, é aceitar o que se impõe como realidade e construir a partir daí. É o estado de fluxo. Tem que se estar vulnerável para ser forte.

Você já viu e já sentiu isso. Uma pessoa nesse estado é magnética, carismática. Só que ela precisa estar corajosamente ali, sem esconder nada e acionando toda a sua energia pessoal.

Eu tive a oportunidade de aplicar exercícios que estimulam isso com atores, bailarinos e profissionais das mais diversas áreas. São o que chamo de "exercícios de ver pensamento", no sentido de enxergar os comportamentos invisíveis. Essas dinâmicas nos permitem analisar um grupo a partir de suas individualidades, como a necessidade de controle estragando a relação entre os participantes e a mesma coisa acontecendo com a negação do controle. São exercícios que demonstram uma liderança situacional compartilhada. De repente, você está no comando, e do mesmo jeito que essa liderança chegou a você, ela passa para outra pessoa. Você não pode se agarrar à liderança e também não pode negá-la, ou o propósito não acontece e o grupo desanda.

Não é à toa que estou utilizando palavras do mundo corporativo aqui: é extremamente parecido porque se trata da vida pulsando. É um jeito de enxergar a interdependência das partes para a conquista de um objetivo.

Vou descrever um exercício desse tipo que talvez seja o mais simples.

> Numa roda com até vinte pessoas, peça que elas contem de 1 a 20 em sequência. Cada uma precisa dizer um número de cada vez. Se duas pessoas falarem um número ao mesmo tempo, o exercício recomeça do número 1. Nada mais pode ser dito além dos números em sequência. Elas não devem combinar como fazer isso, precisam sentir, ou seja, decidir internamente em que momento vão se posicionar e tomar coragem para isso, observando a dinâmica de todos os presentes.

Faça esse exercício antes de ler o longo *spoiler* que vem a seguir. A partir de três pessoas já é possível. Vou compartilhar algumas coisas que geralmente acontecem:

1. Uma correria. Algumas pessoas reconhecidas como líderes no grupo começam a falar os números muito rapidamente a ponto de nem entendermos direito de qual número se trata. O exercício não flui, porque quando poucas pessoas tentam realizar uma tarefa que é de várias, algumas se sentem excluídas, julgamentos de todo lado começam a dominar as mentes e o foco se perde;

2. Algumas pessoas querem conduzir o grupo tentando sinalizar com o corpo quem deveria falar em qual ordem. Isso causa desconforto em alguns, porque a orientação foi clara sobre não combinar e eles querem segui-la, e em outros, porque não querem obedecer às instruções dessa pessoa;

3. Quando falam ao mesmo tempo, algumas pessoas se sentem incompetentes e julgam a si mesmas (podemos perceber em seus movimentos de cabeça, expressões faciais ou mesmo em falas como "Droga!", "Ah!" e coisas assim). Essa culpabilização atrasa o grupo e o resultado, porque enquanto uma pessoa se martiriza pelo que considera um erro, alguém sempre recomeça a contagem, e é como se a roda fosse uma boca onde falta um dente, o exercício não flui;

4. Na mesma linha, algumas pessoas julgam aqueles que, na visão delas, estão cometendo um "erro", e enquanto suas mentes se ocupam dessa tarefa, tampouco conseguem acompanhar a dinâmica;

5. Há quem tente "roubar" no jogo fingindo que não falou ao mesmo tempo que outra pessoa, ou abrindo a boca e a fechando rapidamente;

6. Em algum momento, as estratégias de falar correndo e rir ou julgar a si mesmo e aos outros se mostram ineficientes, o grupo se aproxima mais e tenta criar alguma lógica coletiva – o que é bacana, mas é um jeito de trapacear nesse jogo. Não funciona, porque sem poderem falar para combinar, muitos entendem e outros não, os ritmos são diferentes, é complexo;

7. Nessa altura, geralmente peço que tentem de olhos fechados – o que parece um absurdo. Só que é nessa hora que os participantes aumentam seu estado de presença. Privados da visão, eles buscam maior atenção e concentração para tentar sentir seus colegas ou o que deve ser feito. Agora precisam confiar mais do que antes, porque não poderão fazer sinais uns aos outros. Caretas e gracinhas quando alguém "erra" perdem o sentido porque a plateia não vai ver. E, então, o verdadeiro jogo começa. Arriscar-se a abrir a boca no momento em que você acredita ser o correto. E essa crença vem do simples fato de você estar ali e precisar alcançar um propósito. Nesse momento, alguns dos comportamentos acima aparecem e depois um silêncio firme se estabelece. As vozes a quebrá-lo começam a não ser as mesmas de sempre. Os "corredores" acostumados a precisar resolver muita coisa muito rápido e a conduzir os outros podem relaxar, e os mais introvertidos, assumir alguma responsabilidade;

8. É chocante como, quando chegam ao último número (isso pode não acontecer, mas geralmente acontece), os números foram ditos por uma variedade grande de pessoas e com muita tranquilidade. Ninguém precisou correr com sua fala e uma certa calma e certeza se instaura. Quando posso fechar meus olhos e provar que juntos conseguimos chegar a um resultado, e que eu só preciso fazer minha parte quando chegar o momento certo, isso traz uma satisfação pessoal imensa. Eu fico presente e sei que todos também estão. Eu confio;

9. Geralmente pergunto ao final do exercício: "Em algum momento, você sentiu que era sua hora de falar, mas não falou?". Muitas respostas são afirmativas. "E por que não falou?" Geralmente "não sei" é a resposta mais comum. Então, faço perguntas para despertar reflexões: "O que estava em jogo que você não podia perder? Por que não arriscou?".

É um excelente exercício para o início de uma reunião, especialmente se ela for de criação. Sei que você não vai sugeri-lo na firma – imagine a vergonha... mas é por isso que carisma é o mais difícil de trabalhar, está conectado totalmente a esse estado de presença.

Se você adorou o assunto, recomendo buscar o treinamento Viewpoints, de Anne Bogart e Mary Overlie. Eu aprendi muito com ele, e de acordo com a literatura, o treinamento Viewpoints desenvolve os sentidos para responder rapidamente aos estímulos externos, destaca a atenção e a consciência do artista, constrói a consciência perceptiva de si e a conexão com os outros, melhora a sensação de vivacidade no palco, desenvolve a consciência aberta e a responsabilidade de criar uma dinâmica de grupo que leva a experimentar as conexões criadas com os outros.

O palhaço Cláudio Thebas define muito bem em seu livro *Ser bom não é ser bonzinho* como a presença é fundamental na palhaçaria. Aliás, já recomendei curso de palhaço para falar melhor em público? Se você não pretende ser atriz ou ator, a palhaçaria é o ideal! Confie em mim!

> Não há, por exemplo, imprevistos no presente. Há, sim, imprevisto no que havíamos programado para o presente no passado. Mas o presente teima em não se submeter ao nosso roteiro. Ele se impõe. É soberano. Ele apenas é o que está sendo, infinitivo e gerúndio juntos. Se você planejou uma viagem e tudo saiu e-xa-ta-men-te como você programou, existe uma grande possibilidade de que, apesar de todo o amor com que você possa ter se dedicado, você tenha sido um chato que tenha ultrapassado as fronteiras entre *cuidar* – para que tudo fosse bom – e *controlar* – para que tudo saísse como você queria. Nilton Bonder [no livro *Fronteiras da inteligência*] diz que nossa presença pode ser medida pela nossa capacidade de se surpreender: "Todo processo eficiente deve produzir aspectos e situações surpreendentes. Sem surpresa, quando se busca controlar a realidade antecipando-a a presença, há perda de inteligência (capacidade de se relacionar) e, subsequentemente, de qualidade de vida".

Quando você sobe num palco, seu objetivo principal não pode ser vender uma ideia, mas pulsar com a vida, porque isso será percebido por todos e, quando vocês entrarem em conexão, sua ideia ficará pequena diante disso. Será mais fácil negociar a partir daí. De uma verdade comum e inequívoca que são os sons, o sol, os sentimentos de cada pessoa presente. Tudo é único e pertence àquele momento do tempo. Por mais que você tenha ensaiado e decorado seus movimentos, você poderá executá-los com o frescor da vida que acontece aqui e agora e que não se repetirá. É um encontro único entre pessoas que jamais estarão assim novamente.

Em seu livro, Thebas diz que: "Para um bom palhaço não existe plateia". Existe essa plateia, com essas pessoas, com esses humores que, somados, compõe o humor coletivo. Aos poucos, o palhaço vai escutando a frequência da plateia e vai se sintonizando no mesmo canal.

Você tem que estar esperto! Imagine se um refletor cai e você está tão entretido na sua fala que não consegue dar um passo para o lado e morre? É como um jogo de capoeira com as palavras, um estado de atenção plena e relaxamento.

O que significa isso na sua apresentação ou numa live? Se alguém tossiu na plateia, você pode desejar saúde! Se está chovendo, pode comentar sobre isso. Se alguma notícia abalou a todos, é um estímulo para a sua ação. Não tenha medo de dançar com esse roteiro para fortalecer a conexão. Todos os sentimentos em relação às notícias do dia, ou ao que o palestrante anterior comentou, são insumos para você.

É um exercício de reconhecer rapidamente o que o afeta, nomear e transformar isso em algo. No teatro, chamamos de reduzir o tempo entre estímulo e resposta. Não digo para você reagir impulsivamente às coisas, mas permitir que elas o afetem, reconhecer esse afeto ao seu estado e sentimentos e revelar isso para a plateia em sua fala e em suas atitudes.

Eu dava aula na Faculdade de Artes e, certo dia, meu namorado viajou para fora do país na intenção de não voltar mais. Fiquei muito triste. Eu poderia colocar essa tristeza no meio das páginas de um livro para ler depois, mas precisava fazer isso? Cheguei à conclusão de que não. E, naquela noite, eu dei aula chorando. Expliquei a situação aos alunos, "Estou muito triste porque meu namorado foi morar em outro país, então me perdoem se eu chorar um pouco hoje". "A senhora está bem?" "Estou. Eu fico feliz em dar aula e focar minha atenção aqui, preparei coisas ótimas para a gente."

Dito e feito. Nas quatro horas de aula seguintes, às vezes as lágrimas escorriam. Isso me aproximou muito da turma, a crueza de sentir genuinamente duas coisas ao mesmo tempo: tristeza da despedida e alegria de estar ali.

[MÃOS À OBRA]

Agora que entendemos as principais partes e elementos que estruturam uma apresentação, chegou a hora de passar algumas dicas práticas para melhorar a sua comunicação nesses momentos. São técnicas, pontos de atenção e algumas verdades – até mesmo dolorosas – que fazem toda a diferença na hora de apresentar uma ideia para uma plateia.

DICAS PARA TIMIDEZ, NERVOSISMO E ANSIEDADE

"Começo a suar, fico nervoso, as mãos tremem só de pensar em subir no palco ou começar a falar ao vivo. Até em gravações eu fico assim."

Isso é muito comum. Eu também fico ansiosa quando tenho uma apresentação importante, e todas são importantes, porque são oportunidades que eu quero aproveitar. Então, seguem algumas dicas para aliviar esses momentos:

Polichinelo

Ansiedade, nervosismo, medo de dar errado e adrenalina são como energias que se acumulam e ficam "presas" em nosso corpo. Precisamos deixar essa energia sair. Polichinelo é uma maravilha para isso. Na verdade, pode ser qualquer exercício físico que canse você antes da sua fala. Depois de uma maratona, ninguém fica nervoso, concorda? Isso acontece porque a energia foi gasta. Esse pico de adrenalina precisa ser usado para alguma coisa ou vai ficar atormentando na hora de falar. Algumas pessoas adoram essa sensação de energia tomando o corpo todo e outras odeiam, chegam a perder o controle das mãos ou das pernas e começam a tremer. Se você é do tipo que não gosta, então se mexa antes! Pode ser um treino no dia da apresentação, de manhã, por exemplo. Ou literalmente você pode ficar fazendo polichinelo antes de entrar presencialmente ou on-line numa reunião.

Respiração com os braços

Respire bem fundo elevando os braços esticados até juntar as mãos no topo da cabeça e abaixe durante a expiração. Repita até que o ritmo se estabilize. Inspire elevando os braços e expire descendo. Pode ser uma sequência de três respirações profundas ou de vinte, depende da sua ansiedade. Antes de reuniões importantes, funciona muito bem para mim.

Exercícios físicos e alongamento

Exercícios físicos antes da sua fala são excelentes para deixar o seu corpo preparado, especialmente no vídeo! A mente pode acompanhar a flexibilidade do corpo, e a criatividade mental, a criatividade dos seus movimentos físicos. Há pessoas dedicadas a estudar apenas isso. Pense assim: se você costuma ter consciência do seu corpo (o que pode vir por meio da prática de esportes, dança…), estará mais apto a reagir a um imprevisto como a um assalto ou a algo caindo do segundo andar bem na sua cabeça. Se estiver se apresentando num palco e alguém jogar um tomate em você, é bom que esteja alerta o suficiente para não ser atingido, e isso são corpo e mente trabalhando juntos. Prepare sua fala, mas também o seu corpo. Acorde ele de alguma forma, a que você preferir: dançar, alongar, correr...

Pulinho

Se você acha que os exercícios só servem para quem vai se apresentar presencialmente, está enganado. Também são importantes para gravações e transmissões em vídeo. Na hora de gravar um vídeo, imediatamente antes de começar a falar, pule ao menos três vezes para fazer a energia correr pelo seu corpo. É muito chato um vídeo que vai engrenando enquanto a pessoa fala. Que começa um pouco lento e vai pegando o ritmo. Já esteja "no grau" quando for começar. Se seu vídeo for para edição depois, procure gravar o começo, o meio, e o começo novamente, porque no final da gravação a tendência é que você esteja mais descontraído e com mais ritmo. A gente chama isso de "estar aquecido". Quando estiver aquecido, grave o começo novamente. Porém, o ideal é se aquecer antes de começar a gravar, falar sem a câmera ligada com a empolgação que precisa ter quando for para valer.

Um copo d'água longe para ajudar no nervosismo

Está muito nervoso para falar? Tenha um copo d'água por perto. Mas não muito perto. Coloque-o um pouco longe de você. Assim, pode usar o tempo (e os passos) de deslocamento indo e voltando ao beber a água para ajudar no controle do nervosismo. Nenhuma plateia em tempo algum, presencialmente ou on-line, se incomodou com alguém tomando água.

Não vale "catar ficha" ou "deu branco!"

Esquecer o texto da sua fala (o famoso "branco") é comum. Alguma coisa pode distraí-lo e você pode acabar se perdendo. Nessa hora, não vale "catar ficha" e fingir que nada aconteceu. Quando você se desconecta, o mesmo ocorre com a audiência. Se no meio da sua apresentação você para de escutar o que está falando e começa a pensar em outra coisa, como "Será que esse pessoal está gostando do que eu falei?" ou "Será que fez sentido esse exemplo?", já era. Você está mentalmente em outro lugar.

É mais honesto reconhecer que se perdeu do que enrolar as pessoas, porque elas sentem que tem algo errado e dispersam. Pare e reconheça: "Onde eu estava mesmo?", "Gente, eu dei aquele exemplo, mas não sei se foi o ideal, vou retomar o tópico". Chegou a hora de ser vulnerável. Explique, e eles torcerão por você.

Não tem como evitar o "branco", ele sempre pode aparecer e dar um susto. Por isso, é bom ter anotações. Elas não tiram a sua autoridade. Pelo contrário, mostram que você se preparou e se preocupa com o tempo da audiência.

Ensaiar

Ao longo deste livro, apontei, por diversos motivos, a importância do ensaio e do treino. Ensaiar ajuda no nervosismo e acalma todo mundo. Treine e, se possível, tenha alguém assistindo. O ensaio nos traz a certeza do que estamos falando e por quê. Quando isso fica explícito para nós, nossa apresentação corre muito melhor, especialmente nosso improviso. Peça ajuda, você não precisa fazer as coisas sozinho. Minhas vizinhas são as cobaias de todas as minhas apresentações e vídeos!

Lembretes para você mesmo

Já apontei a importância da respiração numa performance. Mas se você é daqueles que desembesta a falar como se não houvesse amanhã e não se lembra nem de respirar, deixe recados para você mesmo em seus slides ou em suas anotações. Pode ser uma bolinha colorida ou um sinal qualquer no texto, de forma que só você perceba e saiba o que significa: hora de respirar, de fazer uma pergunta para a audiência, de tomar água, enfim. Sinal de hora de verificar o ritmo!

Conte que está nervoso

Um cliente foi convidado para palestrar numa universidade. Ele é introvertido e nunca palestrou, apesar de ser muito reconhecido em sua área de atuação. Ele já me contou: "Sei que vou ficar nervoso, nunca fiz isso, estou ansioso desde agora". Uma excelente maneira de lidar com isso é contar para audiência: "Estou nervoso, é a primeira vez que palestro", ou "Preparei coisas ótimas, estou até ansioso para apresentá-las a vocês", ou "Gente, eu sou um pouco agitado e às vezes falo muito rápido, por favor, me sinalizem se eu começar a fazer isso".

Tentar esconder seu nervosismo, sua ansiedade ou sua timidez não vai ajudar, pelo contrário: às vezes, o nervosismo pode fazê-lo gaguejar, e se você fingir que não está acontecendo nada, as pessoas podem pensar que está mentindo, que não sabe do que está falando ou até que quer enganá-las. Se você explica o motivo da gagueira, todos sabem como "ler" aquele sinal.

O MICROFONE DEVE SER SEU ALIADO, ENTÃO APRENDA A USÁ-LO A SEU FAVOR

Todo mundo ama o *headset* ou *earset*, que são aqueles microfones estilo Madonna que ficam pendurados no rosto, deixando as mãos livres. Eles realmente são muito bons e modernos – ainda que possam pegar interferência de rádio às vezes –, mas não são tão comuns, e certamente você terá que usar muito mais o microfone de bastão, sendo preciso segurá-lo com a mão e aproximá-lo da boca. É esse o tipo que você precisa saber usar.

O microfone de bastão é direcional. Você precisa direcioná-lo para a sua boca, para que a voz ganhe potência e amplitude e o som ocupe mais o espaço. Faça um ângulo de 45 graus com ele no lugar de deixá-lo com a cápsula virada para cima.

Sobre a distância da boca: mantenha o microfone colado ao queixo. Está com nojo de encostar? Afaste um pouquinho, mas mantenha-o ali perto o tempo todo. E acompanhe sempre o direcionamento da sua cabeça. Virou a cabeça para falar? O microfone precisa acompanhar o movimento, senão o som se perde.

As pessoas costumam começar a falar com ele na boca e depois vão descendo a mão. Um executivo me disse que é por causa do copo de chope! Então, lembre-se disso e o mantenha próximo ao rosto.

Segure o microfone sempre pelo meio, porque a antena fica no final e segurar ali pode causar interferência.

Evite bater na cápsula para saber se está funcionando. Quando o microfone é entregue em suas mãos pela produção, ou quando é sinalizado que é a sua vez de falar, a equipe técnica já o ligou. Se você ficar apertando os botões para ligar ou desligar, só vai atrapalhar o trabalho de outra pessoa. Ficou em dúvida? Pergunte para alguém da organização!

SEJA AMIGO DA EQUIPE TÉCNICA. ELES ESTÃO ALI PARA AJUDAR VOCÊ

Dependendo de onde e como será a sua apresentação, antes de você chegar ao local já existiu todo o trabalho de um grupo de profissionais. Luzes foram testadas, câmeras foram posicionadas, o palco foi montado, microfones foram preparados, o som foi equalizado, entre muitas outras tarefas. Seja mais um colaborando para que o evento dê certo.

O sucesso da sua comunicação também depende desses fatores e do trabalho conjunto da equipe técnica. Se possível, compartilhe seu roteiro com eles. Não faça surpresas. Os improvisos sem dúvida precisam ser combinados previamente. Surpreenda a plateia, e não a equipe.

Muitos executivos gostam de surpreender os colegas descendo do palco e aproximando-se dos convidados. Porém várias vezes acabam ficando no escuro, porque não foi pensada uma luz para aquela região. Se você gosta de ser diferente, isso é ótimo, mas combine com a equipe antes. E, se possível, ensaie com eles.

VÁ DIRETO AO PONTO. EVITE ANUNCIAR O QUE VAI DIZER OU CONCLUIR O QUE JÁ DISSE

Quando as pessoas dizem "Hoje vou falar sobre...", já deveriam estar falando. Comece direto com o assunto e com o ponto mais interessante possível.

Em vez de "Hoje meu tema é o futuro do trabalho...", pense em algo como: "Você já imaginou como seria o seu trabalho num mundo sem telas?" ou "Preparando este conteúdo, me dei conta de que não tenho mais nenhum motivo para morar em São Paulo...".

Enfim, comece com o conteúdo, e não com introduções.

O tempo de uma apresentação é precioso, principalmente o tempo da sua plateia. A atenção dela é menor do que você imagina. Portanto, não perca o interesse das pessoas andando no círculo da redundância.

Se você for repetir alguma informação ou ideia, que seja para trazer um novo ângulo, uma outra maneira de olhar aquele dado. Da mesma forma, se for falar algo muito óbvio ("Todos aqui têm celular"), anuncie o motivo de estar falando. Logo de cara, diga que sabe da banalidade da afirmação, para não parecer que você não entende aquela audiência.

Quer sugestões de como começar sua apresentação? Vá para o Capítulo 3.

PRESTE ATENÇÃO AO TEMPO

"Só mais uns minutinhos para eu concluir..."

Já que estamos falando sobre não perder tempo, há sempre a dúvida: é melhor terminar um pouco antes ou um pouco depois do tempo estipulado de apresentação? A resposta é: se não usar o tempo todo, termine antes. Não estoure o seu tempo.

Respeite os outros palestrantes, a produção do evento e a sua plateia. Terminar antes geralmente não é um problema, porque sempre tem alguém que extrapola, e você ajudará a organização a retomar a agenda.

"E para finalizar..."

É bem chato quando alguém fala isso e não termina a apresentação. Então, não fale. Você só precisa anunciar o final se ele for muito ruim ou se a plateia já não aguenta mais. Tire essa frase da sua vida e termine quando terminar, sem fazer anúncio. Vai perceber que ela não fará falta!

A EXPECTATIVA É A MÃE DA DECEPÇÃO

Sabe aquele meme com duas imagens divididas de expectativa × realidade? De um lado, algo bonito e bacana como expectativa e, do outro, a realidade nos mostrando como ela é dura. O sucesso desse meme, inclusive, só aponta o quanto nos é comum esse jogo de ilusão que criamos para nós mesmos.

> Não se perca na ilusão da expectativa. Isso é receita para a frustração.

Pelo contrário, conte uma grande coisa como se ela fosse comum e deixe a plateia pensando: "Nossa, que incrível que eles fizeram isso!". Ou coloque a sua opinião pessoal, e não a da instituição. No lugar de "Somos os pioneiros", use algo como: "Eu considero um pioneirismo termos feito tal coisa".

É FEIO FALAR DE SI MESMO?

Falar de si mesmo não é algo fácil de se fazer, como já percebemos. A autopromoção precisa ser pensada para convencer. Precisa ser entendida como complementar ao argumento que você está defendendo sobre aquele assunto.

A diferença de se colocar como parte da narrativa para um discurso autocentrado é sutil. Tenha sempre em mente que **só há um motivo para você falar em público: o público**. E a autopromoção também deve considerar isso.

Minha dica é: não use esse recurso de início, não se apresente. Use-o no meio, para fortalecer algum argumento. Quem você é, seu tempo de trabalho naquela instituição ou de dedicação àquele assunto e sua autoridade não podem ser o foco da fala, mas, sim, um elemento a mais, com o objetivo de trazer credibilidade.

Falar de si é estranho, mas todo mundo quer saber um pouco também. Então, uma estratégia nesse sentido é buscar algo que desperte o interesse da audiência a seu respeito, aquilo que faria alguém puxar papo com você no coquetel. Não precisa ter nada a ver com o conteúdo da sua apresentação, pode ser o seu hobby ou seu time de futebol, por exemplo. Qualquer coisa que conecte seres humanos com interesses semelhantes. Quanto mais abrangente, mais numerosas são as possibilidades.

Algumas sugestões:

O que você diz	O que você quer dizer
"Esse assunto estava no auge quando fiz intercâmbio na Europa."	O foco aqui é dizer em que época o assunto estava no ápice e quase por acaso você conta que morou fora do país.
"Uma dúvida comum quando ministro cursos pelo Brasil é..."	Aqui você foca na dúvida, mas aproveita para contar que ministra cursos no país todo.
"Nossa, essa pergunta também surgiu quando dei um curso na semana passada, em Porto Alegre."	Ideia similar à anterior, podendo ser aplicada, além de a localidades, a instituições ou a qualquer outra referência.

USE FRASES EMPÁTICAS

De longe ou na tela, não dá para saber se você é uma pessoa legal, então é importante que você pareça ser uma – mesmo que não seja de fato.

Como eu faço para parecer uma pessoa bacana, legal, disponível e acessível? Eu falo frases bacanas, legais, que me mostrem como alguém disponível e acessível. É o que chamo de "frases empáticas".

São frases que mostram para a audiência que estou realmente levando-a em consideração, que montei aquele conteúdo pensando nela. É preciso deixar a audiência segura de que a razão de eu estar naquele palco é ela. Isso é uma coisa que os políticos, por exemplo, treinam para fazer muito bem.

Não estou falando para você mentir.

Usar de empatia não é uma mentira, é uma estratégia de comunicação, de saber falar com o seu público entendendo o que é importante para ele.

Alguns exemplos de frases empáticas:
"Eu gostei tanto desse artigo que resolvi trazer alguns dados para vocês."

"Vejo tantos clientes sofrendo com isso que quero compartilhar nossas práticas nesse sentido."

"Não precisa ficar confuso. Vou pegar você pela mão, fique tranquilo."

"É importante que vocês me acompanhem, às vezes eu falo rápido demais."

"Preparei esta apresentação sobre tecnologia, mas tudo está mudando tão rápido que já pode ter algo desatualizado. Então, por favor, se souberem de alguma mudança, me avisem. A opinião e a contribuição de cada um são importantes."

SUA OPINIÃO IMPORTA!

Muitas pessoas acreditam que fazer uma apresentação é compartilhar um conteúdo de forma objetiva e neutra, livre de opiniões, quando todo mundo sabe que conceitos como total objetividade e neutralidade são ilusões.

> Dar opinião sobre o conteúdo transmite emoção à sua audiência.

Isso humaniza e mostra que você é "gente como a gente", o que gera empatia nos seus ouvintes. Afinal, eles podem até não compartilhar da sua opinião, mas com certeza compartilham a característica de ter uma opinião sobre as coisas. Exemplos:

"E esse aspecto é muito legal, porque..."
"Adoro poder trabalhar em projetos multidisciplinares..."
"Acho aquela plataforma incrível..."
"Eu ficava confuso às vezes com tantos dados..."

Aqui você pode usar todo tipo de adjetivo. Dar opinião é uma das coisas mais difíceis de se fazer, que somente oradores muito experientes ou muito intuitivos realizam com tranquilidade. No início, parece esquisitíssimo esse negócio de adjetivar o que estamos falando, mas confie em mim, funciona.

VIVA A PERGUNTA RETÓRICA \O/

Já percebeu como o interesse aumenta quando a frase é uma pergunta?

Perguntas são um ótimo recurso para despertar a atenção e estimular tanto a participação quanto a reflexão.

Tudo pode ser transformado em pergunta? Sim! Quando sentir que a apresentação pode estar chata, transforme algumas frases em perguntas. A entonação da pergunta já acorda a audiência e a faz ficar mais atenta.

e perrengue que já sentiram. Assim como a camisa, a história também colou no corpo do público.

Como comentarei na "voz interna", esse recurso também não precisa estar necessariamente relacionado ao conteúdo. Pode ser uma estratégia de dinâmica, para fazer com que a audiência se sinta mais próxima de você.

15. Situações emocionais

Pé na bunda, morte de alguém que amamos, esperar o resultado de um exame, notícias de um parente distante, medo de morrer. Cada uma dessas situações gera uma carga de emoção específica, certo? São situações pelas quais todos vamos passar algum dia, pelo menos, e com as quais todos conseguem imediatamente se identificar.

Quando você inclui esses estados emocionais na sua apresentação, o público sente junto com você a tristeza, a angústia ou a raiva da situação. Como o que queremos é tornar nossa mensagem marcante, fazer com que a audiência sinta algo é uma excelente estratégia.

Você pode até ir além e surpreendê-los. No senso comum, uma separação num relacionamento gera angústia ou tristeza, mas na sua personagem ela pode gerar intensa alegria, ou uma reação alérgica, ou vontade de ir ao banheiro, ou raiva...

É nesta parte que entram a voz, o carisma, os movimentos, a postura, enfim,

a maneira como você se comporta diante de uma audiência, em cima de um palco ou na frente de uma câmera. Não tem jeito, a performance é um grande diferencial.

De todas as competências que podem ser adquiridas num treinamento, o carisma é a mais complicada, porque não é exatamente uma competência. É como a liberdade: difícil de definir, mas todos sabem o que é. Não confunda carisma com humor. Pessoas mal-humoradas ou sisudas também podem ser muito carismáticas. O carisma em si não é garantia de uma boa comunicação, mas ele faz as pessoas gostarem de você, e isso é muito bom, é um voto de confiança que a audiência lhe oferece.

nas palavras. "Juntando" por "juntano", "fazendo" por "fazeno", "querendo" por "quereno", sem perceber. Um dia, fiz essa observação, e ela me questionou dizendo "Eu não faço isso!", porque é muito difícil ouvirmos a nós mesmos. Nesse mesmo dia, no meio de uma gravação, ela fez essa substituição e se deu conta: "É verdade! Estou fazendo o que você disse". Daí para a frente, com um pouco de atenção, ela conseguiu perder esse hábito. Somente por trazê-lo à consciência.

Sotaque

As pessoas costumam achar que ter sotaque é ruim. Eu sou da opinião contrária. Acho que o sotaque é uma das características da nossa identidade, que compõe a marca pessoal e não precisa ser escondido. Assuma o seu sotaque com orgulho! Se você estiver à vontade com ele, vai ser muito mais gostoso de ouvir. Se você se sente incomodado, especialmente quando está falando uma língua estrangeira, avise à audiência que ela pode erguer a mão, por exemplo, caso não compreenda algo que você disse. Isso é usar a vulnerabilidade a seu favor. Não precisamos fingir que sabemos tudo, não somos o Google, somos seres humanos, e nossas falhas nos aproximam do público.

e o ensaio – gravar a si mesmo, se apresentar previamente para pessoas próximas, entre outras opções – são formas de evitar ao máximo esses deslizes. Peça a revisão de amigos e de colegas de trabalho.

Atenção aqui para não entrar na neura por puro preconceito linguístico. Tem jeitos de falar que são supercaracterísticos de algumas localidades. A apresentação é uma conversa, e tentar falar tudo corretamente segundo as regras da língua portuguesa pode deixar você parecendo um robô. A informalidade só seria um problema numa apresentação se ela fosse sobre regras do português. Agora, isso pode não interferir em nada para vender um produto, por exemplo. O público quer comprar o produto, e não ter uma aula de oratória com você. Lembre o motivo de estar lá e mantenha o foco.

Uma dica: evite estender o raciocínio em frases longas demais para não flexionar o gênero, o número ou os verbos de forma equivocada. Mas de novo: errou? É só se desculpar, só não erra quem não está fazendo nada.

A comunicação vai além das regras. Um bom comunicador comunica. Se o que você diz tem valor, ninguém ficará encrencando com detalhes.

Evite as clássicas "Isso que eu disse faz sentido para vocês?" ou "Vocês estão me acompanhando?", porque dificilmente alguém reconheceria que não está acompanhando, sobretudo na frente de outras pessoas. Você pode substituí-las por: "Alguém tem alguma dúvida?" ou "Querem que eu retome algum ponto?".

LEVEZA

Nós temos que ser leves e bem-humorados na comunicação. Falhas acontecem. E não porque estamos fazendo de propósito, para criar conflito, ou porque somos burros e não sabemos nos comunicar: elas acontecem simplesmente porque somos pessoas. Pessoas singulares. Cada uma com a sua história e as suas experiências. É óbvio que as falhas vão surgir. E os erros também. Seja leve e encare esses momentos como oportunidades de aprendizado.

Eu trabalhei como apresentadora numa empresa de cursos ao vivo dos mais variados. Num deles, a professora de colorimetria tingiu um cabelo escuro de loiro ao vivo. Eu fazia a interação com a audiência on-line e com os alunos presenciais no estúdio. Quando ela enxaguou o cabelo – o ápice desse tipo de curso –, ele não estava loiro, mas, sim, verde. Todos ficaram paralisados. Então, ela olhou para a câmera e disse: "Se isso acontece comigo, que tenho vinte anos de experiência, construção de relações duradouras". Se você fala assim no dia a dia, isso faz parte de sua marca pessoal, mas é raro que alguém construa frases desse jeito. Em vez disso, você pode dizer: "A gente respeita o cliente porque quer que ele volte". Quando falamos de um jeito que não é o nosso, a plateia percebe algo estranho e pode não confiar em nós.

Além disso, dados de 2018 do indicador de Analfabetismo funcional mostram que: 9 em cada 10 brasileiros podem ter dificuldade em entender conteúdos complexos e 3 em cada 10 brasileiros são analfabetos funcionais. "Para eles tarefas simples do dia a dia se mostram grandes desafios como baixar, acessar e compreender a linguagem do aplicativo da Caixa para receber o auxílio emergencial", como nos conta a Cris Lucker, UX Writer, responsável pela experiência escrita em alguns dos aplicativos mais amados dos brasileiros (sigam essa mulher!)

Claro que podemos criar estratégias para ampliar essa mensagem e conversar mais profundamente com um grupo ou com mais pessoas e você verá aqui muitas delas. Mas algo fundamental que eu preciso que você perceba é que sua audiência é como você. Tem uma vida inteira, várias prioridades e preferências. Nosso maior erro nas apresentações é subestimar a audiência. Você tem que gostar como alguém "de fora".

CAPÍTULO 5

clicar num botão para quem está do outro lado "deixar a sala". Nas apresentações presenciais, essa tolerância é maior; as pessoas, em geral, têm pudor de simplesmente se levantar e ir embora. É mais ou menos como comparar a experiência de ir ao cinema e ao teatro. Você certamente já presenciou algumas vezes as pessoas irem embora de uma sala de cinema, mas é muito mais raro ver a audiência abandonar uma peça ou apresentação de dança ou teatro.

Minha dica é: confie no roteiro que você planejou lá atrás e preocupe-se em usar, logo no início, um recurso para chamar a atenção do seu público. Uma provocação, a promessa de uma solução para um problema, a criação de um cenário mental para tornar a sua narrativa mais imersiva ou um convite para interação. Falamos sobre essas estratégias no capítulo anterior.

Preocupe-se em entregar logo algo de valor para quem está assistindo à sua apresentação, e em breve você verá o retorno do público chegar na forma de curtidas, comentários no chat, compartilhamentos, a depender da plataforma que você esteja usando para realizar a sua transmissão.

Houve um tempo em que me especializei em treinar professores que eram muito bons em aulas presenciais para darem aulas on-line, logo que isso começou no Brasil. Era o que chamávamos de "edutainment" – educação com entretenimento. Muita gente é excelente em sala de aula e no vídeo não engata. Justamente por imagine com vocês! Vamos consertar esse cabelo!". Foi uma das improvisações mais incríveis que vi ao vivo e que gerou muitas vendas do curso. A vulnerabilidade aproxima as pessoas!

PARE DE FICAR SE AJEITANDO O TEMPO TODO

Não fique na obsessão de se ajeitar. Ninguém está buscando perfeição ou uma pessoa diferente de quem você é! Adequar-se a alguns códigos de conduta não significa perder o seu jeito ou a sua autenticidade. Seja quem você é atuando nessas situações sem criar tanto desconforto desnecessário – como manter a coluna ereta ou usar salto alto. Você já está numa situação desafiadora, não arrume mais preocupação para o seu corpo!

FALAR DIFÍCIL NÃO ADIANTA

Esta é para quem acredita que precisa mostrar erudição na fala para aumentar sua reputação junto à audiência. Muitas vezes, treino pessoas que acreditam que precisam falar com pompa numa apresentação, com todos os esses, erres e palavras difíceis. Exemplo: "Respeitamos os nossos clientes porque desejamos a

Você não pode apenas gostar de fazer, tem que gostar de assistir. Não pode apenas ficar feliz pela maneira com que organizou a reunião de equipe ou a facilitação de um workshop. Você precisa buscar se colocar na posição de seus interlocutores e saber que ficaria feliz assistindo essa apresentação, participando dessa equipe.

COMO USAR A DISTRAÇÃO A SEU FAVOR?

"Eu queria que as pessoas não ficassem olhando para o celular quando eu estou falando." Impossível, isso não existe mais. Tenho certeza de que você pegou o celular para olhar qualquer coisa aleatória várias vezes enquanto lia este livro. E está tudo bem. Essa é a dinâmica de comunicação atual. Direta, rápida, simultânea.

O que a gente pode fazer? Usar isso a nosso favor! Seja você a primeira pessoa a proporcionar distração para o seu público. Assim, as pessoas se distraem com o conteúdo selecionado por você. Quando ministro workshops ou mesmo palestras, utilizo o celular como uma segunda tela, na qual envio links para aprofundamento ou atividades como uma enquete durante a apresentação.

TREINO

Já percebeu que vários CEOs de grandes empresas gostam de esportes radicais? Já tive clientes que praticavam windsurfe, motociclismo, ciclismo e outras modalidades esportivas para as quais é necessário treinar muito.

Não pense que aquela executiva que fala superbem chegou lá e improvisou. Por mais que a gente "pegue a manha" ao longo do tempo, é tudo treino.

Do mesmo jeito que não se vai para uma maratona sem preparo, não se fala sem preparação. E muita! Quanto mais alto o cargo de alguém, mais importantes se tornam os momentos de exposição e as oportunidades de falar em público. As lideranças sabem que essas oportunidades são um tesouro. Eu fico ansiosa e ensaio minhas apresentações até hoje.

> A vida, senhoras e senhores, não permite ensaios.

Portanto, aproveite todos os ambientes em que é possível ensaiar. Crie esses momentos para você. Se dê esse presente.

A COMUNICAÇÃO ON-LINE

Praticamente tudo o falei até aqui, nos capítulos anteriores, você pode aproveitar em apresentações on-line.

Entretanto, o ambiente virtual, por ser mediado por tecnologias específicas e por ser necessariamente mais impessoal, traz alguns desafios à parte. E é sobre esses desafios (e soluções para eles) que falaremos neste capítulo.

Mesmo que você não seja infoprodutor, influenciador ou produtor de conteúdo – em suma, alguém que viva de criar apresentações no ambiente on-line –, é muito provável que, em algum momento, também tenha que desenvolver essas habilidades. Afinal, a pandemia acelerou exponencialmente a migração para o ambiente virtual e, hoje, executivos e palestrantes são convidados a realizar suas apresentações nesses canais com cada vez mais frequência.

Se você tem um negócio físico, certamente já sentiu a necessidade de ocupar também o ambiente virtual, oferecendo seus produtos e serviços através de redes sociais e plataformas on-line.

Dito isso, vamos falar sobre as particularidades da comunicação on-line. A primeira e principal diferença entre ela e a comunicação presencial é a percepção do tempo.

Um minuto no presencial não é nada. No on-line, é uma eternidade.

Essa diferença traz alguns impactos específicos, tanto para a elaboração do seu roteiro e forma de apresentação quanto para a sua performance.

Numa apresentação presencial, as interações são imediatas. Se pergunto algo para a plateia, sei que terei uma resposta (mesmo que seja o silêncio), o que me permite, digamos assim, "medir a temperatura local". Com uma pergunta, posso sentir se minha audiência está receptiva ao tema e ao recorte proposto, posso até mesmo fazer ajustes no meio da apresentação a partir dessa devolutiva.

Já no ambiente on-line, essa percepção demora mais a vir, o que pode deixar o orador inseguro e apreensivo. Além disso, você tem que ser mais hábil e efetivo para chamar a atenção da sua audiência, porque basta conta desse *delay* entre ação (aquilo que o orador faz) e reação (a forma como a plateia reage).

Por outro lado, a performance da apresentação on-line também traz suas vantagens. Você pode, por exemplo, usar um roteiro aberto de apoio na sua tela, estar em um local confortável para você, sua cadeira, sua mesa. Pode ter pessoas ao seu lado auxiliando, pode mostrar um ambiente onde produz algo... Eu já conheci numa mesma live o ateliê de um artista em Curitiba, uma ONG no Rio de Janeiro e um estúdio de música em São Paulo. Coisas que só a internet permite!

COMO FAZER VÍDEO/LIVE/CALL/ APRESENTAÇÃO EM CASA?

Como você viu, com o crescimento vertiginoso do mercado digital nos últimos anos, é comum hoje já vermos grandes influenciadores e players do segmento de infoprodutos com estruturas bastante robustas de equipamento e equipe. Ao mesmo tempo, o potencial democratizador das tecnologias digitais também possibilitou que milhões de pessoas fizessem suas apresentações de forma bem mais simples, bastando muitas vezes ligar o celular e começar a falar para a sua audiência em alguma rede social.

Se você tem o desejo de começar a usar o ambiente virtual para impactar pessoas ou vender os seus produtos e serviços, usando uma estrutura mínima de equipamento, anote essas orientações.

Plataformas

Caso use plataformas para a reunião ou videoconferência, pesquise sobre elas antes. Busque tutoriais e se familiarize com antecedência. Fazer chamadas de teste é o mínimo. Teste tudo e tenha um plano B.

Iluminação

No on-line, temos poucos recursos para nos conectar com o público, e as expressões faciais são o principal. Por isso, a iluminação se torna importante. Entre luz natural e luz artificial, escolha sempre a natural. Gosto de fazer vídeos e videoconferências em frente à janela da varanda. Porém, se você não tem essa alternativa, busque soluções práticas usando luz artificial. Pegue um abajur ou luminária que você já tem em casa, ou os famosos *ring lights*, aqueles anéis de luz, que podem ser adquiridos na internet por um custo baixo.

O ideal é que a sua luz seja frontal. Evite usar a luz do escritório, essa que fica em cima da nossa cabeça. Luzes de cima, de baixo ou das laterais criam sombras no rosto e dificultam a interpretação de quem vê. Inclusive, algumas plataformas, como o Zoom, têm a opção de "ajustar para pouca luz". Use sem moderação!

Entre uma boa luz e um fundo bonito, escolha a luz. O vídeo diminui nossa expressão, e é muito bom que o espectador possa ver você falando, seus olhos e suas sobrancelhas se movendo.

Acessórios

Outro bom investimento é um tripé ou uma peça de suporte (que podem ser encontrados na internet e até em camelôs) para encaixar o celular. Isso deixa as suas mãos livres, além de proporcionar melhores ângulos. Você também pode usar livros para apoiar o celular. Eu tinha uma "técnica" de apoiar o celular no rodo de limpar a casa: colocava o rodo com a parte de borracha apoiada no vidro da janela e o cabo no chão, assim apoiava o celular nessa borracha e já tinha a luz da janela como iluminação. Limites? Não temos! Já colei o celular com fita-crepe em alguns lugares e ainda faço isso. O mundo do audiovisual é o mundo da gambiarra e está tudo bem, foque no resultado!

Hoje existe muita coisa para você comprar na internet e aplicativos que contribuem para a eficiência da comunicação on-line, seja pelo celular ou notebook. Os principais são: microfones, luzes, câmeras externas e fundos para lives e vídeos, além de aplicativos e sites de teleprompter on-line (teleprompter, ou TP, é quando seu texto fica passando na tela como os apresentadores de TV utilizam nos estúdios). Uso muitos aplicativos de edição no telefone e recomendo que você se familiarize com um deles.

Aprender a editar seus próprios vídeos fará de você um apresentador muito melhor, porque se acostumará a imaginar o resultado enquanto grava.

Rapidinho vai começar a gravar mais rápido e melhor por preguiça de ter que editar muito. Outros aplicativos bacanas são os que reduzem o tamanho de seus vídeos, assim você pode enviá-los mais facilmente para alguém – sim, é possível enviar vídeos de dez minutos no WhatsApp se você reduzir o tamanho e a qualidade. E os aplicativos de legendagem também ajudam quem usa redes sociais, pois muitas pessoas assistem aos vídeos sem o áudio.

Enquadramento

É como chamamos tudo o que aparece na janelinha do vídeo. Busque centralizar sua imagem, pois, dependendo da plataforma, ela se adapta aos diferentes aparelhos e o enquadramento pode mudar. No centro, você garante que está bem visível.

Procure posicionar a câmera um pouco acima da altura dos seus olhos ou na altura deles, de modo que o seu olhar fique na altura dela ou um pouco mais abaixo. Isso cria uma sensação de proximidade, igualdade e conversa natural com quem está assistindo. Vai fazer uma videochamada pelo computador? Coloque alguns livros embaixo dele, para que a câmera fique mais alta e não deixe os seus espectadores com a sensação de que você está olhando para eles "de cima". Parece besteira, mas é a mesma lógica de quando você vai fazer uma selfie. Todo mundo sabe que o melhor ângulo é com o celular mais alto e o rosto centralizado, certo? Dê uma olhada nos youtubers, geralmente eles estão olhando para cima e podemos ver até o chão de suas casas ou estúdios.

Lembre-se de que isso não é uma regra, tudo depende do efeito que você quer causar. Já trabalhei com uma grande influenciadora que gosta de deixar o celular mais baixo, de forma que ela olha nessa direção quando faz stories. É uma opção estética que ajuda quando ela fala de moda e quer mostrar um look completo, por exemplo.

Faça o Horácio!

Lembra-se da *Turma da Mônica*? Nesse gibi infantil, o tiranossauro Horácio tem os bracinhos curtos (como todos os tiranossauros kkkk). É isso que você deve fazer, trazer suas mãos para dentro do enquadramento e usá-las. Não tem nada mais chato do que uma pessoa falando por vídeo com a gente sem usar os braços e as mãos para ilustrar. Deixe-os à mostra e use-os! Não existe "mexo muito as mãos" no vídeo. Pode mexer à vontade, porque o vídeo diminui nossa expressão e, portanto, nosso carisma. Conheço pessoas que são incríveis pessoalmente e no vídeo so-cor-ro! Parecem um poste que fala... não dá, gente.

Olhar e movimentação

Trace uma linha dividindo o seu quadro horizontalmente em duas partes e busque deixar seus olhos na parte superior, assim você não parecerá afundado. Lembre-se de que não é necessário muito "teto", que é como chamamos o espaço entre a sua cabeça e o final do plano. Minha mãe me irrita quando fala comigo por vídeo porque às vezes só vejo a sua testa, sabe? Fica a cabeça dela lá embaixo no vídeo e um espaço sem nada, e é isso que dá para evitar. Claro que aqui estou dando dicas pensando numa palestra ou reunião, mas tudo é possível. Quer ficar afundado no enquadramento porque isso dará um impacto estético? Vá lá!

Caso você esteja gravando um vídeo sozinho e sem interação, como uma aula, por exemplo, não precisa ficar imóvel nem olhar diretamente para a câmera o tempo todo. Numa conversa presencial, as pessoas não ficam se encarando o tempo todo, elas olham para os lados, para outras coisas no espaço. Então, no vídeo, é preciso fingir naturalidade.

Não é natural falar para um pedaço de plástico e metal, o que a gente faz é imitar nosso jeito de falar naturalmente.

Para isso, olhe para cima para mostrar que está pensando, vá para a frente e para trás, sente-se confortavelmente sem "ajeitar" a coluna – isso sempre deixa a pessoa meio robótica. Treine essa ideia conversando com objetos inanimados, afinal, a câmera é isso, um objeto, e também assista ao vídeo que você fez com o áudio mutado, para perceber melhor sua movimentação e seu olhar. A câmera não tem olhos nem boca para fazer expressões, por isso é angustiante conversar com ela. Não sabemos se está gostando!

Cenário

Não precisa ser chique, nem perfeito, nem nada disso. Como nos habituamos a entrar na casa das pessoas desde a pandemia de covid-19, todos aprendemos a abstrair desses ambientes. Foque nos cuidados básicos, bagunça pode não combinar com a sua fala. Lembre-se de olhar o enquadramento e cuidar só dessa parte. Você pode fazer palestra até de pijama se ele não for aparecer, o que não está no enquadramento não existe para o seu público.

Tecidos estendidos podem camuflar um espaço que não está tão adequado para a sua mensagem (tem alguns ótimos para comprar na internet, só evite os lisos, já, já conto o porquê), levantar mais a câmera e se aproximar dela diminui o espaço de cenário, há muitos truques.

As pessoas têm a impressão de que fundos neutros (como paredes brancas) são a melhor opção para gravações ou chamadas de vídeo. É justamente o contrário, porque com um fundo de uma cor só não sabemos se o palestrante está colado nesse fundo ou muito longe, a imagem fica bidimensional. São mais interessantes os fundos que dão uma sensação de profundidade. E isso pode ser feito com diversos elementos: quadros, plantas, livros, estantes, paisagens... Nosso olho gosta de passear atrás e ao lado da imagem de quem está falando, é o que fazemos presencialmente. "Ai, mas aí vai distrair as pessoas!", alguém poderia pensar. Deixe que se distraiam, ninguém merece ficar nos encarando o tempo todo, né? Se algo der errado, assuma! Meu gato aparece em todas as lives que eu faço! Às vezes, o interfone toca, alguém passa atrás e vida que segue.

Som

Uma dica preciosa para melhorar o áudio é: lembre-se de fechar as janelas porque isso já elimina o som da rua. Caso haja ruído vazando, explique para a audiência: "Hoje meu cachorro também está participando desta live!".

Se puder colocar um fone de ouvido, mesmo que simples, ele tende a melhorar o áudio para quem ouve porque direciona apenas o som da sua voz, e não do ambiente todo, para quem está ouvindo. Atualmente eu tenho um microfone profissional tanto para o celular como para o notebook, do tipo que você acha facilmente por aí. Porém, tudo isso depende do seu equipamento. Eu tenho um notebook em que as pessoas me ouvem melhor se eu não usar nenhum tipo de fone ou usar o supermicrofone profissional. Com ele é tudo ou nada. Os fones bluetooth de que eu gosto estragam o som.

A onda sonora é uma onda física, então ela pode bater em algumas superfícies e voltar, causando eco ou outros efeitos indesejáveis. Os estúdios são "estofados" por esse motivo, com paredes revestidas de tecido ou de alguns tipos de papel nos quais o som bate e para. Na sua casa, você pode buscar um cômodo com tapete e cortinas ou colocar um tapete no chão para ele absorver o som em vez de "rebatê-lo". Certamente você já viu pessoas gravando áudio embaixo de uma coberta, mas hoje já é possível encontrar cabines de papelão para comprar on-line que servem ao mesmo propósito. Inclusive, um podcast brasileiro bem famoso chamado *Presidente da Semana* foi gravado, em grande parte, segundo o autor e apresentador, com a cabeça enfiada dentro do guarda-roupa – num espaço pequeno, ele poderia controlar o som, e a madeira é muito melhor em absorver ondas sonoras do que o vidro, os porcelanatos ou os metais.

Qualidade de imagem e de som

Aqui vai depender muito do seu objetivo. O foco é estabelecer reconhecimento e fixar seu nome com um canal de vídeos próprio? Bom, então vale a pena investir em câmeras, microfones e edição. Caso contrário, o seu celular dá conta do recado.

Uma vez fui palestrar para mais de mil pessoas on-line numa empresa, e a plataforma que eles usavam, vou te contar, estragava o vídeo e o áudio, além de não ser compatível com alguns notebooks. Quanto mais gente entra na sala, pior fica, ela baixa a qualidade de tudo, incluindo do palestrante. Então, depois de muitos testes, fui para a casa de uma amiga usar o notebook dela para a apresentação porque a marca era mais compatível com a plataforma (brigas entre Microsoft e Apple), porém a imagem eu compartilhei do meu celular. Não conheço um note que tenha uma imagem tão boa quanto a dos telefones hoje. Lembre-se dessa alternativa.

No meu caso, como faço muitas apresentações on-line em empresas e cursos, tenho uma câmera de alta definição com USB para conectar ao notebook. E mesmo assim, num programa de educação que eu apresentava ao vivo na pandemia, minha imagem ainda não estava boa e descobri que era o cabo de rede. Eu já estava usando internet a cabo para garantir a qualidade e estabilidade do sinal de internet, mas depois de muito investigarmos o técnico me explicou que a qualidade do cabo que eu tinha interferia na imagem, e lá fui eu comprar um cabo específico. Ou seja, fale com quem entende! Tudo dependerá da plataforma e do seu equipamento.

Teste é vida!

Sempre faça um teste mesmo que pareça bobagem. Teste o som, o vídeo, os slides (se tiver), teste a luz e a conexão. Dica: desconecte os outros aparelhos da internet, deixe apenas o que vai usar e teste também o 4G ou o 5G. A internet do celular já me salvou em muitos momentos, a instabilidade de entrega em algumas regiões do país é terrível, e aqui em casa, por exemplo, se chove eu "tô na água", como se diz por aqui.

Eu sempre chego mais cedo no presencial e na sala on-line. Meia hora pelo menos, já deixo tudo ligado bonitinho para não ter estresse e aí vou passar um café.

Papéis e responsabilidades

Enquanto numa apresentação ou aula presencial eu fico sozinha, em apresentações on-line é comum, e até recomendável, que tenhamos mais de uma pessoa conduzindo a experiência. No meu caso, gosto de ter ao menos uma pessoa cuidando da parte técnica – de quem entra e sai, de quem tem problemas com a conexão e essas coisas – para que eu possa focar na performance.

Ajuda muito ter um suporte para verificar se todos já chegaram, para tirar dúvidas de um participante atrasado, para avisar você que seu microfone está com ruído, entre outros imprevistos que podem acontecer. Em determinados workshops, trabalhamos com quatro facilitadores – principalmente quando há a realização de muitas dinâmicas.

1. Facilitador do conteúdo
2. Facilitador das dinâmicas que envolvem outras plataformas
3. Atendimento ao cliente ou time de cuidado (*care team*)
4. Especialista técnico que cuida de links, dúvidas de participantes que estão com problemas etc.

Você pode ter apoio mesmo em reuniões, como um colega ou alguém de vendas. Isso é comum. Se você não tem uma habilidade, pode pedir ou comprar a de alguém.

Em 2021, desenhei e dirigi um curso internacional on-line em que a nossa equipe, que também estava espalhada pelo mundo, era composta da seguinte maneira:

- 1 mestre de cerimônias
- 1 facilitador de dinâmicas em outras plataformas
- 1 anfitrião especialista
- 1 palestrante
- 2 pessoas na técnica (uma que controlava links, acessos e os cortes de câmera na plataforma e outra que colocava os vídeos)
- 5 pessoas no time de cuidado (duas comentando no chat, colocando links, orientando os participantes e tirando dúvidas; uma especialista no conteúdo do evento respondendo a questões específicas; uma organizadora do curso tirando dúvidas sobre

pagamento, acesso e materiais complementares; e uma no apoio ao palestrante)
• Além de mim na direção, uma produtora geral do evento e uma equipe local de câmera na casa do anfitrião. O público via apenas três pessoas.

Utilizamos a Airmeet como plataforma principal e o Discord para a comunicação, já que tínhamos pessoas da equipe no Brasil, na Europa e nos Estados Unidos. Outras plataformas utilizadas foram o Mentimeter, Miro, Topia e Zoom.

Se programar

Como já disse, seu improviso será tão bom quanto sua preparação. Isso é um fato. Mesmo que você saiba que vai participar de um painel ou de uma mesa em que haverá improviso, porque as perguntas serão sorteadas na hora, se prepare. Não precisamos seguir somente a onda do que nos perguntam, podemos deixar algo pronto para a audiência e inserir isso nas nossas respostas.

Treinei uma participante do programa *The Voice* em que cantores concorrem entre si por um grande prêmio. Em cada episódio, eles são entrevistados brevemente com uma pergunta surpresa. Minha cliente ficava muito nervosa nesses momentos. Então, selecionamos e treinamos três pequenas histórias da vida dela relacionadas à música que poderiam encantar a audiência. E se ela não soubesse como responder espontaneamente, puxava uma dessas histórias. Você sempre pode responder a uma pergunta dizendo "Isso me lembra quando...", e aí falar o que for importante para você, independentemente da pergunta.

Interação

Uma pessoa que assiste a uma live quer ser ouvida, e não apenas ouvir. É isso que a faz entrar ao vivo, portanto, é fundamental ler os comentários.

Aproveite e faça perguntas para a audiência. Eu costumo fazer dois tipos de pergunta. Primeiro, faço perguntas que podem ser respondidas com emojis, assim os mais tímidos participam – e mandar um emoji é mais fácil do que escrever. Pode ser algo como: "Quem já comprou um bolo lindo e sem sabor manda um coração, e quem já comprou um bolo feio e gostoso manda uma mãozinha!". Em seguida, faço uma pergunta que necessite de uma resposta escrita, por exemplo: "Qual bolo você mais vende?" ou "Qual o argumento que ajuda você a fechar uma venda?". O ideal é que a resposta seja algo que desperte a curiosidade das pessoas.

Isso estimula o engajamento, o que é bom para os algoritmos espalharem a sua live e melhor ainda para quem acompanha e começa a refletir mais profundamente sobre o assunto que você está trazendo.

Para organizar o seu roteiro, um jeito simples é criar uma sequência de perguntas. Numa live de uma hora, planeje ao menos dez perguntas. Se a live for só com uma pessoa, você pode responder as perguntas ou deixar algumas para a audiência, comentando as respostas. Mas se estiver com algum convidado ou convidada, pode fazer as perguntas para essa pessoa. E caso se sinta inseguro para começar, pode combinar com alguém mais expansivo para que faça as perguntas para você, ajudando a conduzir a sua live.

Essas perguntas não podem ser apenas sobre o seu produto: elas devem abordar o cotidiano da sua audiência. Falar somente do produto e vender o tempo todo gera distanciamento.

As pessoas também precisam conhecer você. Elas não compram apenas o produto, elas compram a sua motivação. Conte um caso interessante da sua vida ou uma história bacana, mesmo que não tenha a ver com o assunto diretamente. Fale sem se preocupar em mostrar vulnerabilidade, abordando os problemas, os erros e as trapalhadas até chegar ao resultado. Isso aproxima as pessoas.

Promoções especiais e sorteios ao vivo também são excelentes para produzir interação numa live, assim seus clientes se acostumam com esses momentos e sabem que terão algum desconto ou promoção se acompanharem você.

A seguir estão exemplos de outras possibilidades de interação:

Votação
Votar num assunto, dinâmica, formato de condução de atividade ou direcionamento do próprio grupo.

Perguntas
Enviar perguntas no chat aberto, no chat fechado, verbalmente ou em plataforma anônima.

Nuvem de palavras
Ferramentas de nuvem de palavras reúnem apontamentos principais de um momento ou sobre determinado assunto. Você escreve uma pergunta e, através de um link, todos podem responder. Por exemplo, os *insights* do dia: "Com qual sentimento eu saio daqui hoje?" ou "Memórias de futuros: numa palavra, qual é a memória e aprendizado deste dia que você quer levar para o futuro?".

Intervenções físicas
Elas ampliam a potência do on-line e aproximam. Você pode pedir coisas aos participantes, como escolher e preparar um chá ou imprimir algo que

será usado na apresentação. Você pode enviar algo para a casa dos participantes. Certa vez, recebi uma cesta de café da tarde para participar de um evento on-line que era no fim do dia.

Resumindo: Atenção ao que aparece no enquadramento, centralize sua imagem, erga a câmera na altura dos seus olhos, ilumine essa cara e faça o Horácio! Feche as janelas para ter mais silêncio e, se der, use um fone com microfone. Teste tudo antes se for uma live!

Acessibilidade

Quanto mais acessível sua live for, melhor! Tradução simultânea em libras, legendas, audiodescrição. Siga boas práticas de acessibilidade para eventos on-line.
Ter alguém ajudando você a responder ao chat, por exemplo, pode trazer um grande acolhimento para uma dúvida mais específica.

A TEORIA DA AUTODETERMINAÇÃO E O AMBIENTE ON-LINE

Já falei neste livro, no Capítulo 3, sobre a teoria da autodeterminação. Uma pessoa busca mais que simplesmente absorver informações e conhecimento para se manter engajada numa experiência de aprendizado. Uma apresentação sempre é uma experiência de aprendizado. Quem assiste busca desenvolver competências, é claro, mas também autonomia, que aqui chamamos de protagonismo, e relacionamentos (integração e *networking* com os outros participantes).

Por isso, precisamos mudar a dinâmica de abordagem de conteúdos no ambiente on-line. Na verdade, o surgimento das tecnologias digitais obrigou o mundo a modificar as antigas formas de transmissão de conhecimento.

Imagine uma sala de aula. Qualquer professor de um centro urbano hoje precisa partir do pressuposto de que o aluno tem um celular e pode acessar o Google. As tecnologias do digital obrigaram o profissional da sala de aula a se tornar mais dinâmico, convidando o aluno a ser um participante ativo do processo de aprendizado. Se em trinta segundos e com alguns cliques ele pode descobrir por conta própria o que é uma mitocôndria ou os elementos deflagradores da Segunda Guerra Mundial, não faz sentido mais que a aula se torne um espaço tão somente de transmissão de informação.

No ambiente on-line é a mesma coisa. Você está falando para uma câmera, mas, do outro lado, seus espectadores estão a um clique de descobrir a informação que desejarem. Eu, por exemplo, não dou conteúdo expositivo numa aula se isso pode ser encontrado com uma pesquisa no Google.

Deixe-me contar, então, como planejo minhas aulas, lives e palestras on-line ao vivo. Você vai ver que boa parte do que irei compartilhar aqui já foi conversado nos capítulos anteriores. Mas, em alguns pontos, temos novidades próprias do ambiente virtual. Ao final, vou sugerir uma série de dinâmicas que podem substituir momentos meramente expositivos, ou ser incorporadas à sua apresentação, para estimular a autonomia e os relacionamentos entre a sua audiência.

Para começar, como você já deve imaginar, vamos falar de roteiro! O mais importante para construir seu roteiro é o objetivo. A partir dele, você desenha a experiência para o público. Vamos supor que você quer falar de um produto novo que vai começar a vender. Seu objetivo então é despertar o interesse das pessoas para comprar esse produto. No início da sua live é bacana chamar a atenção das pessoas, fazer com que elas se identifiquem com o produto ou com você.

Uma boa estratégia é falar do que chamamos de "dor do cliente", problemas comuns que ele enfrenta e que o seu produto pode resolver.

As pessoas não compram mercadorias, e sim os problemas que elas resolvem.

Por exemplo, se você vende um curso para pais que querem ver seus bebês dormirem melhor, não foque nas técnicas ou na metodologia que eles irão aprender ao comprar o seu treinamento. Isso pode gerar distanciamento e objeções (Será que eu vou conseguir fazer isso? Será que isso é mesmo para mim?). Foque a "dor" e os benefícios que seu cliente terá ao resolvê-la, não o produto: se um bebê não dorme bem à noite, provavelmente esse casal está sem dormir, essa mãe está esgotada e os pais se sentem culpados achando que podem estar fazendo algo de errado.

Se quiser, na sequência, estabeleça um cenário de antes e depois na cabeça do cliente: o cansaço, a mudança na rotina, as consequências para o bebê × os pais que voltam a dormir, o restabelecimento da rotina do casal, a tranquilidade de saber que o filho está dormindo bem.

Ou seja, para o início da sua live, crie uma introdução poderosa que gere identificação.

Esta pergunta pode ajudá-lo: Por que as pessoas me procuram? Que tipo de problema eu ou meu produto resolvem? De que maneira eu melhoro as suas vidas?

O segundo passo é se apresentar, e eu recomendo que você faça isso só depois de ter gerado a identificação, quando a pessoa já está interessada no assunto.

Aqui você pode focar sua apresentação no propósito, no motivo que fez você escolher ou criar o produto que está divulgando. As pessoas querem ver você defender causas, e não apenas o seu salário!

* * *

Seguindo essas instruções e os modelos de roteiro que mostrei anteriormente, eu tenho certeza de que você já pode fazer uma live muito boa.

Relembrando:

**Roteiro que contemple interação com a audiência;
Atenção a cenário, luz e som;
Acessibilidade e acolhimento;
Quem se sentir bem vai voltar e divulgar!**

Agora, quero compartilhar também algumas dinâmicas que podem ser adotadas para substituir momentos meramente expositivos e ainda estimular a autonomia e o relacionamento entre os participantes no ambiente on-line.

A seguir, elaborei um guia junto com minha colega Catarina Papa, indicando de que maneira cada dinâmica deve ser aplicada (como), em que situações (quando), em qual ferramenta ela tem chances de funcionar melhor (onde) e qual o foco dentre os pilares da teoria da autodeterminação: competência, autonomia (protagonismo) ou relacionamento.

Vamos lá!

\multicolumn{2}{c}{**Storytelling: era uma vez... até que um dia... e então**}
O que é	Falar de si mesmo para o colega em terceira pessoa usando a estrutura *Era uma vez... até que um dia... e então...* O facilitador pode exemplificar: "*Era uma vez* uma moça chamada Sheylli que nasceu em Pato Branco, no Paraná, e adorava fazer teatro com suas duas irmãs, uma mais velha e outra mais nova. Ela era uma irmã do meio terrível, *até que um dia* foi estudar em Curitiba, formou-se em direção teatral e começou a trabalhar e ensinar esse ofício, *e então* foi convidada para treinar uma escritora que ia participar do programa do Jô Soares e nunca mais parou de treinar pessoas que precisam se apresentar em público". Caso o evento tenha mais de um dia, no último podemos recontar a história no mesmo formato enfatizando o que mudou durante a experiência.
Como	Em duplas.
Quando	No início da experiência.
Onde	Em qualquer plataforma que permita a divisão do grupo em duplas de forma que os demais não as ouçam.
Foco	Relacionamento.

O que não está no meu LinkedIn	
O que é	Rodada de apresentação inserindo qualidades que não são profissionais.
Como	Em grupos ou todos juntos, dependendo da quantidade de participantes. Lembre-se de estipular um tempo; eu uso um minuto e trinta segundos.
Quando	No início da experiência.
Onde	Outra maneira de fazer esse check-in é com imagens. Num quadro de post-its on-line, você pode pedir que os participantes encontrem imagens que representem qualidades deles que não estão em seu perfil público profissional e montem uma espécie de galeria, onde cada um fale de si mostrando a imagem. O uso de imagens ajuda para que uns se lembrem dos outros.
Foco	Relacionamento.

	Em busca do meu dom pessoal
O que é	Algumas atividades podem ser pedidas com antecedência aos participantes, inspire-se para criar as suas. Nessa, você pede que os participantes façam a seguinte pergunta para dez pessoas de sua convivência: "Se eu perdesse todas as minhas qualidades e só pudesse escolher uma, qual eu deveria manter?". As pessoas podem fazer a pergunta por mensagem, e-mail, um formulário ou mesmo presencialmente e anotar as respostas. Ao chegar à experiência, cada participante pode compartilhar um resumo do que seus conhecidos enxergam como sua principal qualidade e se ele identifica esse comportamento em algum fato de sua vida. O bacana é compartilhar esse fato. Esse exercício faz com que todos comecem bem animados, conectando cada um com suas habilidades fundamentais, consideradas dons pessoais.
Como	Deve ser direcionado no encontro anterior ou com uma mensagem anterior ao encontro descrevendo a atividade. Uma semana antes é tempo suficiente. Eu costumo enviar muitos exercícios prévios aos participantes quando dou cursos, o importante é que eles sirvam ao objetivo da experiência. O compartilhamento pode ser com todos juntos ou em grupos. Lembre-se de controlar o tempo.
Quando	No início da experiência.
Onde	Todos juntos ou em qualquer plataforma que permita a divisão em grupos.
Foco	Protagonismo.

	O que falariam de mim
O que é	Apresentar-se pelo ponto de vista de outra pessoa: mãe, amigo, esposa… Todos precisam se apresentar, mas usando outra perspectiva. A pessoa pode incorporar a personagem no estilo "Sou amigo da Sheylli e sempre digo que ela é do tipo vereadora, que passa cumprimentando todo mundo" ou citar o que a pessoa diria, por exemplo: "Quem vai me apresentar é minha amiga Julia, ela diz que eu sou uma impressora 3D de ideias, que coloco as coisas no mundo". Acho bacana a pessoa que conduz a experiência sempre demonstrar a dinâmica primeiro.
Como	Todos juntos ou em grupos. Lembre-se de controlar o tempo.
Quando	No início da experiência.
Onde	Todos juntos ou em qualquer plataforma que permita a divisão em grupos.
Foco	Relacionamento.

Imagem do futuro e inquietação atual	
O que é	Cada participante se apresenta descrevendo uma foto sua no futuro e uma inquietação atual. Isso contribui para a conexão entre eles a partir de aspirações e sentimentos. Quando alguém descreve uma imagem, nossa tendência é preencher as lacunas com nossas escolhas pessoais, o que nos faz ter intimidade com ela, além de imagens futuras serem muitas vezes comuns: Eu na praia com minha família num dia de sol; Eu cozinhando para minha família com todos falando ao mesmo tempo; Eu com uma mochila nas costas em frente a uma montanha... Já a inquietação atual é algo que desperta na audiência a empatia emocional, porque geralmente quem a descreve entra no estado emocional do fato. Coisas que já ouvi: "Minha esposa está grávida e eu trabalho em outro estado, isso me deixa ansioso", "Não conseguimos falar com meu irmão que mora na Europa há dois dias, isso está nos tirando o sono", "Tive que demitir alguns bons funcionários em função da redução de demanda na pandemia e eu odeio ter que fazer isso". Você também pode criar uma galeria de "Cartazes do futuro" ou "Notícias do futuro" e dividir os participantes em grupos para que cada um discuta o que pensa sobre essas possibilidades.
Como	Todos juntos.
Quando	Entre conteúdos.
Onde	Plataforma com sala virtual.
Foco	Protagonismo.

O que gosto de ver e ouvir	
O que é	Conteúdos, jornais, séries, podcasts, músicas. Essa dinâmica consiste em compartilhar aquilo de que cada um gosta num mural virtual. É interessante porque vira uma indicação para todos.
Como	Todos juntos.
Quando	No início da experiência / Início de um novo bloco.
Onde	Plataforma com sala virtual e plataforma com quadro virtual.
Foco	Protagonismo.

O que fiz pela primeira vez em determinado período?	
O que é	Os participantes compartilham no chat ou em nuvem de palavras o que fizeram pela primeira vez no último ano, no último semestre etc. O tempo pode ser definido de acordo com o conteúdo do encontro.
Como	Todos juntos falando ou escrevendo.
Quando	No início da experiência / Início de um novo bloco.
Onde	Plataforma com sala virtual e plataforma com quadro virtual.
Foco	Protagonismo.

	Fishbowl **virtual**
O que é	Conversa em que qualquer pessoa pode interagir a qualquer momento de forma organizada. A exemplo do *Fishbowl* (ou Dinâmica do Aquário, em português) presencial, utilizamos quatro ou cinco câmeras abertas com as pessoas que estão participando ativamente da conversa e quando uma a mais abre alguém que já estava presente na conversa precisa se retirar, fechando a sua câmera. Qualquer pessoa pode entrar na conversa a qualquer momento, e isso evita a fila de mãos virtuais levantadas e dá mais dinâmica aos momentos de troca.
Como	Todos conversam ao mesmo tempo de forma estruturada, ainda que sejam muitas pessoas, duzentas, por exemplo.
Quando	Durante o conteúdo.
Onde	Plataforma com sala virtual.
Foco	Protagonismo.

Pitch **de ideias & afins**	
O que é	Participante pode se inscrever para, ao final de cada evento, compartilhar (fazer um *pitch*) uma ideia / um projeto / um conteúdo que deseja compartilhar com o grupo em um minuto e trinta segundos. A cada volta de intervalo, podemos ter três participantes apresentando suas próprias ideias ou ações que eles admiram e acreditam que merecem ser compartilhadas.
Como	Todos juntos.
Quando	Durante o conteúdo / Retorno de intervalos.
Onde	Plataforma com sala virtual.
Foco	Protagonismo.

Encontre alguém que tenha três coisas muito parecidas com você

O que é	Idade, preferência musical, interesse de estudo, esporte, número de filhos, de irmãos, desejo de conhecer o mesmo país.
Como	Todos juntos.
Onde	Esse é um exercício de conexão entre os participantes que funciona muito bem no ambiente presencial, onde as pessoas precisam conversar umas com as outras. No on-line, ele pode ser realizado numa plataforma que reproduza isso, como o Topia, ou num mural coletivo, como Jamboard ou Miro.
Quando	No início da experiência / Início de bloco.
Foco	Relacionamento.

Fika Conversas	
O que é	Conversar em grupo sobre palavras atuais, ou suas definições, que têm a ver com o encontro. Ao final, cada grupo compartilha com todos os seus principais apontamentos. Existe um baralho físico da marca Fika Conversas que tem uma metodologia de conversação e já traz palavras contemporâneas e suas definições para estimular as conversas. Também há outro baralho chamado Conversadeira, do Instituto Tiê, que tem uma versão on-line e possui várias perguntas que geram conversas.
Como	Em grupos.
Onde	Plataforma com divisão de grupos.
Quando	Durante o conteúdo.
Foco	Relacionamento.

Aprendendo a questionar: por quê, como, e se?

O que é	Dinâmica para exercitarmos nossa habilidade de fazer perguntas enquanto nos conectamos e conhecermos melhor uns aos outros. Estipule um tempo para que todos criem perguntas que comecem com "Por quê?". Depois dê mais um tempo para perguntas que comecem com "Como" e novamente para perguntas que comecem com "E se?". Essas perguntas podem ser livres ou seguir um tema proposto. É bacana que todos possam ler as perguntas e conversar a respeito.
Como	Todos juntos.
Onde	Plataforma com sala virtual.
Quando	Durante o conteúdo.
Foco	Aprendizagem.

	World Café
O que é	Diálogos colaborativos sobre como o tema impacta o futuro que queremos criar. Você divide os participantes em grupos e cada grupo discute um tema durante um período determinado. Depois desse período, os participantes são redistribuídos para discutir os outros temas também, porém uma pessoa sempre fica na sala como anfitriã e atualiza os novos integrantes sobre tudo o que já foi discutido ali. Assim o assunto avança. A função do anfitrião é dar boas-vindas aos participantes, contar as principais ideias que já foram trocadas e anotar os principais pontos que surgirem a cada rodada. Pode-se trabalhar com várias rodadas para que os participantes conversem sobre um grande número de temas (que você decidirá de acordo com a necessidade da sua apresentação). Ao final, os grupos se reúnem na sala principal e cada anfitrião apresenta as principais diretrizes conversadas, consensos, dúvidas e questionamentos da sala onde estava. É utilizado para tomar decisões conversando com um grande número de pessoas, três mil, por exemplo.
Como	Em grupos.
Quando	Durante o conteúdo.
Onde	Plataforma com divisão de grupos.
Foco	Conteúdo e Relacionamento.

Anotações coletivas	
O que é	Os participantes adicionam imagens / frases / notícias e links que acharem interessantes ao longo do encontro para que se forme um grande quadro de anotações e compartilhamento entre todos.
Como	Todos juntos.
Quando	Ao longo de toda a experiência.
Onde	Quadro coletivo (Miro, Jamboard, Notion, um documento no Drive).
Foco	Conteúdo e Relacionamento.

Piquenique: conhecer novas pessoas	
O que é	Em algumas plataformas como a Topia você pode passear com um avatar e encontrar pessoas de forma aleatória. O som e o vídeo funcionam quando você se aproxima dos avatares. É possível criar um "mundo" e incluir desafios e espaços de conversa dentro da plataforma.
Como	Cada participante entra na plataforma num momento determinado ou ela é deixada livre para que interajam quando quiserem.
Onde	Plataforma que simule interações presenciais com deslocamento no espaço.
Quando	Nos intervalos, antes ou depois do encontro ou em momentos durante a apresentação.
Foco	Relacionamento.

Carona virtual	
O que é	Utilizando imagens de satélite do Google é possível levar um grupo para conhecer uma cidade ou um bairro. Você divide os participantes em grupos de cinco pessoas e, por dez minutos, uma delas (sorteada previamente) vai oferecer a carona contando um pouco dos motivos pelos quais escolheu aquela cidade específica.
Como	Em grupos.
Quando	No início da experiência.
Onde	Plataforma de passeio virtual como a Drive & Listen (https://driveandlisten.herokuapp.com/).
Foco	Relacionamento.

Converse com o palestrante	
O que é	Mesas com palestrantes para os convidados circularem livremente.
Como	Todos juntos.
Quando	Intervalos / Durante o conteúdo.
Onde	Plataforma com divisão de grupos que permita o trânsito livre entre um e outro.
Foco	Relacionamento.

COMO SABER SE DEU CERTO?

A gente não faz nada sozinho, e é impossível saber se você foi bem sem perguntar para quem participou. Crie o hábito de pedir um feedback sobre as suas apresentações.

Você pode fazer isso de maneira informal ou mais estruturada. Pode preparar uma espécie de formulário, um questionário simples, perguntando o que acharam da sua apresentação. Pode ser ao vivo, com uma pequena lista de perguntas ali na hora, ou você pode montar um arquivo on-line e enviar o link para que seja respondido de forma anônima. Você também pode entrar em contato com participantes anteriores e dizer que está reformulando o seu material, perguntando se eles têm algum feedback ou sugestão.

Busque fazer perguntas simples: dois pontos positivos e dois pontos a melhorar, por exemplo. Esteja de coração aberto para os comentários. Assim, você tem uma visão mais ampla das suas potencialidades e das oportunidades que perdeu.

Depois que acaba uma apresentação ou conversa, passados cinco minutos nós já sabemos o que queríamos ter feito diferente. Essa prática de perguntar para o público, junto com tudo o que conversamos neste livro, vai ajudá-lo a diminuir esse tempo, até o momento em que ele não existirá mais. Quando essa hora chegar, você poderá controlar o que quer realizar enquanto realiza. É o tempo entre estímulo e resposta, você percebe que aquela frase não caiu bem e imediatamente reorganiza a sequência.

É isto o que eu desejo a você: que desenvolva a habilidade de observar suas apresentações enquanto elas acontecem para poder corrigir a rota quando der na telha, sem medo e com alegria!

ISTO NÃO É UMA CONCLUSÃO

"Sheylli, acho que está faltando uma conclusão neste livro."

Foi o que o Victor, a pessoa que me ajudou a colocar este livro no computador – porque não foi no papel –, me disse.

Um livro precisa de uma conclusão? Realmente não acho que um livro precise concluir alguma coisa. Principalmente este. Acredito que o objetivo aqui foi poder abrir várias portinhas pelas quais você, leitor, pudesse passear e refletir sobre como é a sua comunicação.

Porém, posso sugerir o seguinte exercício: observe as pessoas ao seu redor, perceba na timeline das suas redes sociais como as pessoas estão se comunicando. Entenda a lógica da coisa. A comunicação está para além de qualquer regra. Quando você consegue estabelecer um ponto de conexão, a organização exata das palavras e das frases já não importa tanto.

Então, não se trata de regras. E pode parecer estranho afirmar isso, já que este livro tem a vibe de um manual de instruções. As técnicas e dicas que compartilhei com você são possibilidades e ferramentas que podem ajudar na sua intenção genuína de se conectar com alguém. Pegue aqui o que serve para você e use sem moderação – o resto você pode jogar fora.

Estou on-line se precisar de algo. Será ótimo saber o que achou deste livro, se conseguiu aplicá-lo no seu dia a dia. Conte para mim e conte comigo. Estou nas redes sociais como @sheylli compartilhando textos e vídeos sobre comunicação e muito mais. Vou deixar para você, a seguir, uma lista com links para conteúdos que podem lhe interessar. Se vir alguma coisa muito legal e quiser compartilhar comigo, vou ficar bastante feliz. :)

RECOMENDAÇÕES

SOBRE CONTEÚDO

Quer entender mais sobre *design fiction* e design especulativo? Pesquise este artigo da Lidia Zuin sobre o tema: "Report: Design Fiction".

Quer entender sobre os perigos de uma história única? Pesquise este TED Talk incrível da Chimamanda Ngozi Adichie: "The danger of a single story".

SOBRE FORMATO

Quer saber mais sobre andragogia e a importância de compreender o processo de aprendizado adulto?

Pesquise este artigo da Isabela Rossi: "Andragogia: um poderoso aliado da comunicação e marketing".

Para um exemplo de erro sobre lugar de fala, pesquise este vídeo do reality *Born to Fashion*, em que o estilista Alexandre Herchcovitch recebeu uma chamada de atenção da sua plateia sobre identidade travesti: "Born To Fashion: 'O que é ser um pouco travesti?'".

Quer ver como uma estratégia narrativa muda a sua apresentação? Pesquise este TEDx do Edgard Gouveia Jr. sobre tecnologia intuitiva e a maneira criativa usada por ele: "We are stronger than we look: Edgard Gouveia Jr. at TEDx Amazônia".

Quer um excelente exemplo de *storytelling*? Pesquise este TEDx do Ique Carvalho sobre o amor: "O que é o amor ? | Ique Carvalho | TEDx João Pessoa".

Quer saber mais sobre a arte da palhaçaria e sobre a dupla cômica? Pesquise este artigo da Luciane Campos Olendzki: "A dupla cômica de palhaços: parceria de jogo, operação de funções e princípios da arte clownesca".

Quer saber um pouco mais sobre empatia na prática? Pesquise este TEDx da Carolina Nalon apresentando o seu projeto Caminho da Comunicação Autêntica: "Para Início de Conversa | Carolina Nalon | TEDx Pedra do Penedo".

Quer saber mais sobre empatia e o poder das pequenas histórias? Pesquise este TEDx do Neil Shea: "Standing Still in the Stream: Empathy, Wonder, & the Power of Short Stories | Neil Shea | TEDx Emory".

Quer saber mais sobre *storytelling* clássico? Ouça o episódio "Somos todos heróis", do podcast *Boa Noite Internet*.

Para entender quais partes mais importam numa história, ouça esta excelente conversa com os maiores produtores de podcast do mundo no episódio "Now THAT'S Good Tape", do podcast *Gimlet Academy*.

Quer saber mais sobre como jogos podem fazer um mundo melhor? Pesquise este TED da Jane McGonigal: "Gaming can make a better world".

Quer saber sobre como o *New York Times* segmenta seus anúncios de acordo com a emoção do leitor? Pesquise esta matéria da Kaitlyn Tiffany: "Online Ads Can Be Targeted Based on Your Emotions".

Quer saber mais sobre "jornada do herói"? Busque na internet "filmes que seguem a jornada do herói" e você terá centenas de exemplos interessantes para analisar. Ou você pode digitar o nome de um filme de que gosta e a expressão "jornada do herói" e talvez já encontre uma análise específica. O Chat GPT pode fazer isso rapidão.

Quer saber mais sobre como construir imagens na cabeça da audiência? Ouça o episódio "Teatro da mente", *do* podcast *Boa Noite Internet*.

Quer saber a diferença entre *storydoing* e *storytelling*? Pesquise este artigo do Átila Francucci: "Storydoing x storytelling, o x da questão".

Quer saber mais sobre a importância da inovação baseada na experiência e na história dos clientes? Pesquise este artigo do Jean-Marie Buchilly: "Meaningful: a Customer Story driven Innovation Journey".

SOBRE PERFORMANCE

Quer saber como parecer inteligente na sua palestra? Assista a este TEDx do Will Stephen: "Como parecer inteligente ao fazer uma palestra TEDx | Will Stephen | TEDx Nova York".

Quer saber por que você deveria definir primeiro os seus medos e depois as suas metas? Pesquise este TED do Tim Ferriss: "Por qué debes definir tus miedos en vez de tus metas".

Quer saber mais sobre o poder da vulnerabilidade? Pesquise este TED da Brené Brown sobre a importância de termos coragem para abraçar a nossa vulnerabilidade: "O poder da vulnerabilidade".

Quer saber mais sobre como o uso de palavras difíceis mata o interesse de uma audiência? Pesquise o artigo: "The use of jargon kills people's interest in science, politics".

Quer saber mais sobre a utilização dos sentimentos e dos dados para influenciar pessoas? Assista ao documentário *Privacidade hackeada*, disponível na Netflix.

SOBRE COMUNICAÇÃO ON-LINE

Quer acessar o material do projeto Educação em Rede? Pesquise no canal do YouTube Escola em Rede a playlist "Nova escola".

Quer saber mais sobre por que as videoconferências nos esgotam psicologicamente? Pesquise este artigo de José Mendiola Zuriarrain: "Por que as videoconferências nos esgotam psicologicamente?".

VAMOS CONTINUAR ESSE BATE-PAPO!

Quer mais algumas dicas sobre como aprimorar a comunicação? Assista a esta série de três vídeos com dicas minhas cujos títulos são:

Comunicação: diferença entre causa e estímulo

Triangulação

Empatia pode ser aprendida

AGRADECIMENTOS

A todos os aprendizes que encontrei e que me encontraram nestes 22 anos como educadora. Vocês me ensinam tanto que eu nunca terei oportunidades suficientes para agradecer. A todas as pessoas que escolhem a educação e às que me ensinam mesmo sem saber.

Aos clientes que confiam em mim, afinal, minha principal sala de aula é nas empresas, e abrir as vulnerabilidades de um negócio não é uma tarefa simples.

Aos professores e facilitadores que atuam comigo em vários cursos, vocês são demais, é uma honra!

A Leo Andrade, Gladys Heide, Adonias Pimenta Jr., Karine Presotti, Sharon Caleffi, Silvia Henz e a todos que deram pitaco e incentivo para esta obra.

A Victor Hugo Barreto, Catarina Papa, Flávia Iriarte e Carolina Vaz, que se debruçaram profissionalmente nesta jornada!

À equipe da LeYa Brasil, por topar esta empreitada, e a Camila Cabete, que nos colocou em contato.

Às amigues e, em especial, a Lucila Chaves Alvarenga, que ouve com carinho meus chororôs.

E, por fim, a Clecy Moro, Sharon e Shana Caleffi, Tomas, Esther e Gael, pelas alegrias e encrencas familiares.

♫ *Gracias a la vida que me ha dado tanto...* ♪

Em www.leyabrasil.com.br você tem acesso a novidades e conteúdo exclusivo. Visite o site e faça seu cadastro!

A LeYa Brasil também está presente em:

 facebook.com/leyabrasil

 @leyabrasil

 instagram.com/editoraleyabrasil

▶ LeYa Brasil

ESTE LIVRO FOI COMPOSTO EM POPPINS,
CORPO 12 PT, PARA A EDITORA LEYA BRASIL